# Un éléphant blanc, ça ne change pas de couleur

DU MÊME AUTEUR

*Le Guide de l'opéré,* avec Philippe Gorny, Denoël, 1989.

*Le Guide de vos artères*, avec Philippe Gorny, Denoël, 1990.

*Chirurgien du bout du monde*, J.-C. Lattès, 1993.

*Comme un éléphant blanc*, Michel Lafon, 2005.

*Le Roman du cœur*, Michel Lafon, 2008.

*Enfants à cœur, 20 ans avec La Chaîne de l'Espoir*, Le Cherche-Midi, 2009.

*Dites-moi la vérité, docteur,* Robert Laffont, 2011.

*La Glace à la vanille, un chirurgien pour les enfants du monde,* Le Cherche-Midi, 2014.

*Le Cœur éternel*, avec Gille Dreyfus, Michel Lafon, 2015.

ALAIN DELOCHE

# UN ÉLÉPHANT BLANC, ÇA NE CHANGE PAS DE COULEUR

*avec la collaboration d'Emmanuel Haymann*

Michel LAFON

118, avenue Achille-Peretti – CS 70024
92521 Neuilly-sur-Seine Cedex

www.michel-lafon.com

*À mes enfants, à mes petits-enfants,*
*et en souvenir de Chantal.*

# PRÉFACE DE ERIK ORSENNA

« Arrête de toujours courir, me répètent depuis des années mes proches, et d'ailleurs la sagesse populaire. Pense à ton cœur ! »

Figurez-vous que, ces derniers temps, j'étais prêt à me faire une raison. J'envisageais de, peut-être, ralentir, un jour, mon rythme frénétique. Et puis le destin, toujours aussi fraternel, m'a fait ouvrir ce livre.

Je connais, je croyais connaître, depuis des décennies, le professeur Deloche. Et, depuis des décennies, j'admire cet homme pour toutes les actions magnifiques que je sais de lui. En fait, à la manière humble des icebergs qui dissimulent les trois quarts de leur grandeur, il me cachait des pans entiers de ses multiples existences.

Voici, enfin, l'ensemble de ses vies racontées. Et rassemblées.

Il était une fois le cœur.

Le domaine (au propre et au figuré) de notre Alain.

Dans ma jeunesse, j'entendais parfois parler, terrifié, des enfants bleus. Vraiment bleus. Bleus car mal irrigués par un sang mal oxygéné. Enfants condamnés à mort. Ils furent sauvés grâce à l'intervention géniale, bientôt imitée dans le monde entier, d'un certain Alfred Blalock. De Baltimore. Avez-vous entendu parler d'un autre bienfaiteur de l'humanité, Walter Lillehei, de Minneapolis celui-là ? Il inventa le principe de la « circulation croisée ». De même que le fœtus respire par la mère, l'enfant malade peut être connecté avec la circulation sanguine d'un père ou d'une mère compatible. Ainsi, on peut arrêter le cœur défectueux, le vider et le réparer ! Vous lirez, fasciné, l'histoire de ces progrès continus. Imaginez la passion d'un jeune interne découvrant la possibilité de ces miracles, sous la conduite d'un autre génie, le professeur Alain Carpentier, l'inventeur principal du cœur artificiel Carmat.

Un seul bémol à l'enthousiasme : seuls les enfants des pays riches pouvaient bénéficier de ces opérations extrêmement complexes donc follement coûteuses. Les autres vies d'Alain Deloche commencent. La Chaîne de l'Espoir est lancée. Comment trouver nom plus parlant ? Cette chaîne fraternelle va très vite permettre d'accueillir, et de soigner, *en France*, des petits malades venus du monde entier et reçus chez nous par des familles d'accueil. Mais ne serait-il pas préférable de créer *sur place* des hôpitaux ? Proximité. Gain de temps et d'argent. Formation des médecins locaux… Aussitôt dit, presque aussitôt fait. Un premier centre ouvre à Phnom Penh, avec un « plateau technique », comme on dit, qui n'a rien à envier aux nôtres. Le Vietnam va suivre. Puis l'Afrique.

Vive ce livre, ô combien vivant ! D'oreillettes en ventricules, il vous entraîne d'abord dans les coins et recoins palpitants du cœur. Puis il se change en roman d'aventures et vous emporte aux quatre coins de la planète.

Conclusion : Écoutez votre médecin.

Arrêtez bien sûr de fumer. Et certainement mangez moins gras.

Mais surtout vivez ! Suivez, tant que pouvez, l'exemple de ce formidable vivant.

Pas plus belle hygiène de vie que la vie. Toutes les vies possibles contenues dans la vie.

Et ce livre nous prouve que vivre, c'est aussi donner.

Merci, Alain.

# PROLOGUE

## *Le but est dans le chemin*

C'était il y a deux mille cinq cents ans, à Kapilavastu, sur les contreforts de l'Himalaya, la chaîne de montagnes blanches, la déesse mère du monde. Par une belle nuit d'été, la reine Maya, vierge à la peau douce et au visage enchanteur, s'endormit, apaisée par la fraîcheur du soir… Un éléphant blanc entra dans son rêve, portant une fleur de lotus par la trompe, et s'accoupla symboliquement avec la reine vierge. Neuf mois plus tard, la chaste Maya accoucha d'un enfant qui allait devenir Bouddha… Depuis ce temps, l'éléphant blanc est vénéré dans une grande partie de l'Asie bouddhiste.

Cette légende m'a été racontée en 2001 par le roi Sihanouk du Cambodge… Il venait de m'élever au grade de commandeur de l'ordre de l'Éléphant blanc !

– Vous êtes comme un éléphant blanc, me dit-il alors.

Dans la culture bouddhiste, l'éléphant blanc est l'animal sacré qui incarne la prospérité, le bonheur et l'harmonie. D'ailleurs, devant notre hôpital de Phnom Penh, deux éléphants blancs ont été scellés le jour de l'inauguration, manière d'écarter les esprits mauvais.

Pourquoi la légende de ce pachyderme albinos a-t-elle dès lors marqué ma vie ? Presque malgré moi, mon imaginaire a fait de cette créature surprenante mon totem, mon animal tutélaire, la voix de ma conscience… Sans doute ai-je aimé dans cette figure chimérique le symbole de la différence. Comment ne pas trouver incongrue sa présence parmi les éléphants banalement gris ? Que l'on ne se méprenne pas : je ne place aucun orgueil dans cette constatation, seulement un sentiment de solitude qui m'a très tôt poussé à aller voir ailleurs, m'incitant à ne pas me contenter du confort satisfaisant de la carrière et des honneurs. D'ailleurs, je n'ignore pas qu'aux États-Unis le *white elephant,* c'est le mauvais, le raté, le perdant. Et pourquoi pas ? Les deux sens, le magnifique et le déplorable, se confondent si souvent… Combien de fois faut-il échouer avant d'accomplir son rêve !

Quasiment déifié en Asie, méprisé en Amérique, l'éléphant blanc pourrait représenter aux yeux des psys tous ceux qui sortent du troupeau. Dans ma vie, j'en ai rencontré parfois, de ces éléphants pas comme les autres, et ils m'ont indiqué le chemin escarpé menant vers des horizons différents. À travers leurs parcours de vie hors normes, ils m'ont transmis une leçon : tout est toujours possible… Il suffit de le vouloir et de persévérer.

Confronté pendant longtemps à la maladie des hommes, j'ai découvert la misère humaine et, pire, le malheur des hommes infligé par d'autres hommes. Face à l'absurde et au néant, l'éléphant blanc est porteur d'une sorte de magie qui révèle le trésor de compassion dont chacun de nous peut être dépositaire.

La compassion, source de progrès et de progression, dirait-on en Asie. Je suis pourtant né protestant et le suis resté… mais j'ai peu à peu troqué la culpabilité inhérente à cette religion contre la responsabilité bouddhiste : la terrible prédisposition de la grâce a fait place en moi à la certitude rassurante de la perfectibilité humaine par la compassion, certes, mais aussi par la droiture et l'Éveil. Pour ce dernier, il me faudra sans doute attendre quelques centaines de réincarnations… Mais j'ai souhaité faire de tout le reste – compassion et droiture – mon chemin de vie. Tout est dans l'harmonie de soi avec soi-même. L'interrogation existentielle pourrait alors se résumer ainsi : peut-on, par le questionnement, rendre sa vie intense et bonne ?

Certainement, à condition de savoir que le but est dans le chemin.

J'ai tenté de le prendre, ce chemin, et je me suis acharné à porter secours aux enfants du malheur… Encore une façon de s'éloigner du troupeau ? Quoi que l'on fasse, quoi que l'on dise, un éléphant blanc, ça ne change pas de couleur.

Alain DELOCHE

– 1 –

# DEUXIÈME VIE

Embarquement à Roissy, je passe le portillon… J'ai quitté le centre cardiovasculaire de l'hôpital Pompidou tout à l'heure, donné mes instructions pour le temps de mon absence. Comme chaque fois, j'ai l'impression de larguer les amarres, de m'envoler vers une deuxième vie, « ni tout à fait la même ni tout à fait une autre, que j'aime et qui m'attend », si j'ose ainsi paraphraser Verlaine.

Aujourd'hui, direction Phnom Penh, au Cambodge… Là-bas, avec La Chaîne de l'Espoir, nous avons créé l'indispensable, l'inespéré : un centre de cardiologie pour accueillir et soigner les enfants pauvres du pays. Régulièrement, je pars pour ce bout du monde afin d'ausculter et d'opérer les petits patients qui n'espèrent plus qu'en nous.

Dix-sept heures de vol avec escale à Bangkok, un long périple devenu pour moi une routine. Les somnifères m'aident à dormir dans l'avion, il faut que j'arrive en forme là où le malheur m'a donné rendez-vous, assez en forme en tout cas pour supporter la chaleur moite, le décalage horaire, la foule, et pouvoir décider qui devra subir une intervention chirurgicale et qui pourra patienter quelque temps…

Dès que j'arrive sur place, le taxi m'emmène directement au centre de cardiologie… Les enfants et leurs parents se pressent déjà dans la salle d'attente. Une cinquantaine de petits malades sont là, les plus jeunes sont des nourrissons dans les bras de leur mère, les plus âgés doivent avoir une quinzaine d'années. Ils arrivent de tout le pays, adressés bien souvent par un dispensaire de campagne où le mal a été détecté. Un écran de télévision diffuse des chansons cambodgiennes, un bébé sanglote et crie, sa maman l'allaite, il s'endort. Les chants khmers continuent d'égrener leurs notes inattendues sur un rythme syncopé.

Les enfants se succèdent dans la salle de consultation… C'est maintenant au tour de Kanya, une petite fille de sept ans venue avec papa et maman du village de Krang Svay, à presque cent kilomètres de là… Si les parents se sont décidés à entreprendre ce périple difficile avec leur enfant, s'ils ont consacré le peu de ressources dont ils disposaient à payer l'autocar qui les a conduits jusqu'à la capitale, c'est que Kanya ne peut pas vivre comme les autres gamines de son âge. Constamment essoufflée, parfois au bord de l'asphyxie, elle a dû renoncer à fréquenter l'école et reste généralement prostrée chez elle, dans la petite maison familiale en bois de palmier. La fillette a une grave insuffisance cardiaque, il faut opérer tout de suite, sinon qui sait si je la reverrai lors de ma prochaine mission médicale !

Kanya ouvre devant nous de grands yeux étonnés, maman reste digne et m'observe de son regard noir, papa semble presque serein. On parle peu, on reste impassible, s'exprimer trop haut, trop fort, serait inconvenant. La fillette au doux visage, belle comme une vestale du temple d'Angkor, apparaît pourtant d'une effrayante maigreur…

La misère et la maladie se sont conjuguées pour frapper Kanya. Là-bas, au village, la famille vit de la culture du riz, mais le terrain est bien trop petit, les deux récoltes annuelles ne suffisent pas à nourrir correctement parents et enfants. Pour calmer la faim, on va chercher les ressources fournies par les eaux de la rizière : des nénuphars dont on mange les graines, des liserons d'eau, et aussi des petits poissons, des escargots, des grenouilles, des crabes.

Kanya souffre d'une communication anormale entre les deux oreillettes du cœur, son sang est mal oxygéné. L'enfant fait des crises d'étouffement de plus en plus fréquentes, jusqu'à l'issue fatale, si l'on n'intervient pas chirurgicalement…

J'explique la situation aux parents : Kanya doit être opérée d'urgence, il n'est pas question de la laisser repartir dans son village.

Aucune interrogation, aucune protestation, aucune angoisse apparente. Les parents espèrent, veulent me faire confiance.

Ils n'ont pas le choix, les pauvres… Car je le sais bien, nous sommes le dernier recours, la famille a déjà essayé tant de choses ! Le père a apporté ses offrandes aux vieux génies de la terre, il a allumé les baguettes d'encens devant la petite chapelle dorée, il a déposé le poulet bouilli, les bananes et les fleurs afin d'obtenir la guérison de son enfant. Il est allé à la pagode prier Bouddha, et il a même mijoté pour sa fille les décoctions de racines d'arbres prônées par la médecine traditionnelle… Mais ces tentatives sont restées vaines et il a fallu venir à la ville chercher le secours d'une autre médecine. Ce sera une opération à cœur ouvert.

Opération salvatrice : dès l'intervention terminée, dans le bloc opératoire, la fillette retrouvera son souffle, et, avec lui, la promesse de vivre normalement.

J'opère ainsi plusieurs enfants avant de reprendre l'avion qui va me reconduire à Paris où m'attend ma première vie, celle de la cathédrale technologique de l'hôpital Georges-Pompidou où je dirige le pôle cardio-vasculaire…

*

* *

Nous étions en 2004 et depuis des années, en effet, je cumulais les activités à l'hôpital – Broussais d'abord, puis Georges-Pompidou – et à La Chaîne de l'Espoir, la structure mise en place pour venir en aide aux enfants malades des pays de misère. J'étais ici et ailleurs, à l'hôpital parisien et dans le monde entier. C'est curieux, mais lorsque j'y songe aujourd'hui, mon mode de fonctionnement me faisait alors exister sur le rythme trépidant d'une double vie. Ma seconde vie s'imbriquait dans la première, en dépendait, lui donnait un sens. Il me fallait sans cesse faire le grand écart, passer de Phnom Penh à Paris, de Paris à Kaboul et retour, de Paris à Bamako…

Pourquoi ce grand écart continuel, pourquoi ces contorsions pour être à la fois ici et là-bas ? Le comble de cette dichotomie, je l'ai vécu un soir de 1995… Je quittais l'hôpital Broussais où l'on venait de greffer un cœur à un jeune homme de vingt-huit ans, opération particulièrement difficile car le patient n'avait dû sa survie, dans un premier temps, qu'à une machine branchée sur son organe malade, une sorte de cœur artificiel en attendant la greffe. Un sommet de complexité médicale. Le lendemain, je devais partir au Cambodge et je reçus un message me demandant de ne surtout pas oublier ma boîte à amputation ! Ils en avaient un urgent besoin dans le nord du pays où l'on trouvait encore de nombreuses mines enterrées et destructrices… J'ai donc emporté cette fameuse boîte, technologie plus que sommaire : je quittais une hypertechnologie pour venir soutenir une médecine rudimentaire où mon cadeau était perçu comme un inestimable présent ! À Paris, nous sauvions de grands malades du cœur ; au Cambodge, nous devions nous contenter de soigner les enfants qui sautaient sur les mines. Il était là, le grand écart ! J'avais un tel sentiment d'être indispensable là-bas que je me suis souvent demandé si je ne devais pas rester sur place, m'installer à Phnom Penh, changer d'existence. Mais ma vie était en France, j'y avais mes attaches, ma famille… Et puis j'ai pensé que je serais plus utile aux enfants malheureux du bout du monde en restant au sein de l'hôpital français, plus apte à organiser des formations et à trouver des moyens d'aider encore plus, encore mieux. J'ai développé ainsi la philosophie du va-et-vient : partir souvent, revenir toujours.

C'était la bonne décision, je ne me suis coupé ni de l'hôpital, ni de mes racines, ni de mon parcours de vie. En effet, tout ce que je peux faire, tout ce que je sais faire a pour cadre l'hôpital, et même, plus précisément, la salle d'opération. Mon objectif humanitaire a été, au final, de transporter l'hôpital ailleurs.

Mais ma philosophie du va-et-vient ne pouvait fonctionner que si je possédais en France une structure assez solide sur laquelle appuyer mes départs. C'est à cette période qu'il a fallu développer La Chaîne de l'Espoir avec, toujours à mon côté, Éric Cheysson, mon frère de vie, comme moi chirurgien et *French doctor*. Tous deux, nous nous sommes attelés à bâtir la maison et je me suis trouvé alors dans une sorte de double exercice médical. D'un côté le luxe technologique, de l'autre la petite entreprise pour pouvoir agir dans les pays démunis.

Entre 2000 et 2010, j'étais donc constamment ici et là-bas, à Paris et au bout du monde. J'étais à l'hôpital et, avec La Chaîne, je construisais une PME… Drôles de PME, tout de même, les associations humanitaires ! On ne vend rien, on ne gagne rien, on ne fait que dépenser. La règle éthique de tout fonctionnement associatif humanitaire est en effet de dépenser la totalité des liquidités ; par conséquent, plus on a et plus on dépense ; plus on dépense et plus on aide.

On croit souvent que le fonctionnement de La Chaîne repose sur les voyages, mais non : la base, c'est l'argent. Pas l'argent « rentable », mais le don, qui seul permet de transformer une belle idée en une action durable. Avec un réseau humanitaire comme La Chaîne de l'Espoir, il s'agissait de mettre en forme des projets concrets, des buts à atteindre, des objectifs clairs mais qui allait payer ? Comment s'organiser ? Comment construire un budget quand les revenus attendus ne sont pas stables et demeurent dépendants de la générosité du public ?

Moi que les chiffres rebutaient, il a bien fallu que je m'y plonge. Quand je me suis lancé dans l'aventure, je n'avais aucune notion de gestion, j'ai dû apprendre à maîtriser les budgets, charges, investissements, dépenses utiles ou non, nécessaires ou non…

À Paris, dans mon entourage, j'ai observé parfois de l'admiration et des éloges, mais toujours assortis d'une question récurrente :

– Pourquoi ?

J'entendais comme un leitmotiv diverses réflexions, toujours les mêmes.

– Vous êtes bien à l'hôpital, pourquoi faites-vous tout ça ?

Comment dire simplement qu'il n'est pas acceptable de voir des enfants mourir de tout parce qu'ils n'ont rien ? Nous devons écouter les détresses et les appels venus d'ailleurs, simplement pour allumer une étincelle de justice et prendre notre modeste part dans la construction de cette maison commune qu'on appelle la Terre… Et puis La Chaîne m'a tellement apporté ! Quand je regarde en arrière, quand je fais le bilan, je dois en convenir : j'ai reçu bien plus que j'ai donné. Quel plaisir de voir un enfant mourant revivre grâce à notre action ! Quel bonheur d'avoir mis en place les conditions du soin et du sauvetage ! De s'être mis au service des perdants pour être sûr de gagner ! Au fil des années, je n'ai même plus compris la question que l'on me posait, ce « pourquoi » si souvent répété est devenu obscur, tant je me sentais et continue de me sentir proche d'une évidence humaine.

Mais si ce qu'on appelle l'humanitaire m'est très vite apparu comme une obligation incontournable, je ne pouvais pas me passer de l'hôpital pour autant. Je suis un hospitalier, ma vie c'est l'hôpital, ici ou là-bas. J'aime l'hôpital, c'est presque une addiction. Stagiaire, externe, interne, chef de clinique, agrégé, j'ai passé presque soixante ans à l'hôpital public et j'ai vu sa lente mutation…

*
* *

J'ai tout connu de l'hôpital, même les salles communes et les bonnes sœurs qui papillonnaient avec leur cornette blanche… Et puis, en 2000, j'ai basculé dans un autre monde en arrivant à Georges-Pompidou où j'allais prendre la tête du pôle cardiovasculaire. Pompidou : l'hôpital du XXIe siècle ! Fini les petits pavillons de briques et leurs jardinets, on ne construit plus un hôpital comme un hôpital mais comme un aéroport ou une station spatiale ! Georges-Pompidou, c'est une immense et magnifique architecture de verre et de béton en forme de H – pour Hôpital ? – avec une sorte de rue centrale et couverte. Seulement attention, la station spatiale ne se contente pas d'être belle, elle se soucie de ses hôtes, elle assure le confort du malade devenu consommateur. Tout ici est pensé pour offrir le meilleur accueil possible au patient. Par exemple, il y a plus de chambres individuelles que de chambres ou salles collectives. Elles sont spacieuses, tout confort, avec salle de bains et W-C privatifs… Pour un peu, on aurait l'impression d'être à l'hôtel.

Mais la vraie révolution vécue à l'hôpital depuis quelques décennies concerne évidemment les soins. On soigne mieux grâce à l'apport de la technologie : plateau technique, imagerie ultraperformante, laboratoires de biologie et de pharmacie entièrement robotisés, salles d'opération et de réanimation parfaitement équipées… Place à la sécurité, à la vigilance, à l'ergonomie, à la traçabilité, comme disent les experts. En effet, les codes-barres tracent la totalité des consommables et des médicaments.

Toute ma vie j'avais écrit, annoté, classé, rempli des pages, complété des formulaires, tout cela pour constituer les dossiers médicaux de mes patients. Nous étions des scribes ! Pendant des heures je colligeais les signes et les maux du malade ; à chaque visite, il fallait ajouter des commentaires, sans oublier de transcrire les sacro-saintes paroles du patron… Et j'arrivais soudain dans un hôpital sans papier, entièrement informatisé ; la circulation de l'information se faisait à la vitesse de l'électricité, tout était repéré, enregistré, stocké, codifié, transmis. Plus de pancarte au pied du lit, la feuille où l'essentiel était indiqué, et d'abord le nom du patient, ce qui permettait de le saluer de manière personnalisée…

– Bonjour, monsieur Durand, comment allez-vous ce matin ?

Maintenant, pour connaître le nom du malade, il est nécessaire d'aller sur l'ordinateur, d'entrer son code, de cliquer là où il faut…

Même la prescription est robotisée : le médecin tape son ordonnance sur l'indispensable ordinateur et le médicament parvient au patient par un circuit que ni le praticien ni le malade ne comprennent ou ne maîtrisent. Un logiciel gouverne les rendez-vous et si les conséquences de cette informatisation tous azimuts se révèlent parfois surprenantes, avec des examens prévus dans le passé ou, au contraire, renvoyés à un futur hypothétique, personne n'est responsable : c'est la faute à l'ordinateur.

Il n'empêche que je reste ébahi devant les merveilles technologiques dont on dispose désormais. L'imagerie par résonance magnétique décortique chaque millimètre du corps, des sondes explorent les tubes digestifs, les appareils urinaires, les poumons ou les genoux… Les progrès sont constants, enthousiasmants, et l'on touche à l'excellence absolue de la médecine. Tous les documents générés par une technique ultramoderne sont numérisés et versés au dossier du malade, et les données sont conservées dans le serveur central. Le patient part de l'hôpital avec un CD qui contient sa vie médicale, tout y est résumé, et le personnel soignant peut consulter le serveur pour avoir tous les renseignements qu'il souhaite : le système est quand même d'une efficacité redoutable, personne ne peut le nier.

Pourtant, la soixantaine passée, j'avoue que j'ai éprouvé une certaine difficulté à entrer dans ce nouveau monde hospitalier. C'était pour moi une contrainte, j'avais du mal à trouver de nouveaux automatismes dans cet univers connecté.

Et surtout, devant cette prise en charge hypertechnologique, je craignais – et je crains toujours – de voir l'aspect humain de l'acte médical noyé dans les protocoles précis, rigoureux et pratiques de la toute-puissante machine. La technologie s'impose chaque jour davantage avec une valeur ajoutée indéniable, mais la dimension de la relation à l'autre est grignotée peu à peu… Un transfert de responsabilités vers l'ordinateur gagne la médecine. Une médecine en tranches apparaît, elle est cloisonnée, elle perd son rapport à l'intuition, devenue inutile. Aujourd'hui, avec le plateau technique, on voit à l'intérieur du corps, donc plus besoin d'intuition, plus besoin des enquêtes, déductions et recoupements auxquels avaient recours les grands maîtres, les célèbres « mandarins » que j'ai connus quand j'ai débuté. On sait tout, on voit tout… Alors, même le dialogue avec le patient devient obsolète ! Il n'a plus besoin d'expliquer ce qu'il a, comment il se sent, où il a mal : la machine nous renseignera précisément et en quelques minutes. Bientôt, le médecin pourra même se passer du malade !

Mais le malade, lui, ne peut pas se passer du médecin. De ses explications, de sa dimension rassurante. Cela participe à son bien-être, à son moral, à sa volonté de guérir. Je demeure persuadé que l'hôpital du troisième millénaire ne doit pas perdre sa dimension humaine. Le personnel médical doit conserver une relation avec le patient afin d'instaurer l'élément fondamental qui constitue la base de leurs rapports : la confiance. Une personne souffrante a besoin d'accorder sa confiance à un médecin avec qui elle peut parler, échanger, à qui elle peut poser des questions. La machine est indispensable : c'est un gage de fiabilité. Mais la médecine repose sur un rapport en face à face. L'hôpital doit rester un lieu de vie où l'humain continue à donner un sens à nos métiers et à en nourrir la noblesse. Nous devons considérer la technique comme un outil au service de cette relation humaine et non comme un élément qui tend à l'étouffer et à la faire disparaître.

En plus, il faut savoir que « Pompidou », cet hôpital de l'an 2000, conçu dans les années 1990 pour répondre à des problèmes des années 1980, est déjà dépassé. Désormais soumis à des contraintes, à des lois extérieures et financières, tous les hôpitaux sont aujourd'hui centrés sur une production industrielle… Donc la dimension économique l'emporte sur tout. Les impératifs budgétaires font que notre bel hôpital Pompidou, dessiné dans le luxe, l'espace et le confort, revient maintenant trop cher. En outre, et il faut s'en réjouir, la médecine évolue mais devient plus coûteuse, logiquement. Quand je suis arrivé à Broussais, dans les années 1960, il n'y avait pas de plateau technique, pas même une imagerie par résonance magnétique et pas davantage de soins intensifs. Les dépenses étaient relativement faibles... L'hôpital du troisième millénaire, lui, est soumis à de fortes contraintes budgétaires et la Sécurité sociale vacille. Par conséquent, notre offre de soins se doit d'abord d'être rentable. Pendant des années on a soigné sans trop compter. On était des saltimbanques libres et heureux, uniquement préoccupés de progrès médicaux. Aujourd'hui, tout médecin doit avoir une calculette à la main !

Impératif premier : faire des économies. Place donc à « l'optimisation des tâches », sacro-sainte méthode qui est censée permettre ces fameuses économies mais qui, en clair, consiste à gagner sur la masse salariale ! C'est ainsi que, de façon choquante et provocatrice, on en est venu à parler de « l'hôpital-entreprise ». Une fausse bonne idée, ingérable en tout cas dans le service public. Et j'entends la longue plainte des soignants : « Comment faire plus avec moins ? » Personnellement, je n'ai qu'une certitude : le défi de l'hôpital public n'est pas de dépenser moins, mais de dépenser mieux.

Je vois aussi la notion du métier de chirurgien évoluer... Ce n'est plus un sacerdoce comme ça l'était pour moi. Un sociologue dirait que la qualité de la vie s'oppose à la pénibilité de la profession. J'ai vécu dans une ambiance qui nous poussait à la limite du névrotique, plus on opérait, plus on était content, on ne comptait d'ailleurs pas les heures de présence, que ce soit au bloc ou en salle.

Pour les interventions chirurgicales, des réformes sont également envisagées. Il faudrait, à Georges-Pompidou, installer des blocs communs, centraliser les salles de réanimation… Au nom de la productivité et de la rentabilité, l'hôpital doit maintenant faire place à une concentration des moyens visant à cette fameuse « optimisation ». Une optimisation qu'on devra, bien sûr, de plus en plus optimiser, d'où l'instauration de systèmes de surveillance pour vérifier nos aptitudes en la matière. Et de nouvelles contraintes : désormais, il y a des « heures bloc ». Dans ce temps, bien défini, il faut pratiquer un maximum d'opérations et concentrer le personnel.

Cet hôpital en pleine mutation, le calendrier et l'état civil allaient m'en éloigner à la fin des années 2000 : l'âge de la retraite approchait…

*

* *

Inutile de dire que je n'ai pas eu le temps de la voir arriver. Mais une réflexion récurrente, dans les couloirs de Pompidou, commença un jour à me mettre l'évidence à l'oreille. « Vous opérez toujours, professeur ? » Et ses variantes : « Vous n'opérez plus, maintenant, avec toutes vos responsabilités au pôle cardiovasculaire ? » ou, presque réprobateur : « Vous opérez encore ? »

Évidemment que j'opérais ! J'avais la soixantaine passée, des cheveux blancs mais drus, une bonne vue et surtout de bonnes mains. Sans compter une équipe remarquable qui me facilitait la tâche. Aux États-Unis, il n'y a pas de retraite pour les chirurgiens, mais une surveillance régulière de leur état de santé et de leurs réflexes professionnels à tout âge. En France, ce genre de contrôle n'existe pas. Seules importent les réglementations, si contraignantes, surtout à l'hôpital public, et la règle c'est la règle : la retraite tombe comme un couperet.

C'est ainsi qu'un jour, j'ai commencé à vider mon bureau, à remplir mes cartons, trier, classer, jeter ma vie professionnelle à la corbeille… Dire que cela ne m'a rien fait serait mentir. Le plus dur fut sans doute de quitter le bloc opératoire, cet univers clos, silencieux, où se joue parfois le jeu de la vie, et où j'avais passé la moitié de la mienne… Mais je n'ai pas sombré dans le désespoir. J'en ai tant vu, pourtant, des chirurgiens entrer dans une dépression grave quand ils ont cessé leur activité ! La retraite, le repos, la pêche, les hobbies, ce n'était pas pour eux. Sans parler de l'effacement social : l'adresse mail supprimée, la ligne téléphonique coupée, le badge désactivé. « Et maintenant que vais-je faire ? »

*
* *

Je n'ai pas eu à me poser cette question. Comme à chaque virage de ma vie, mon éléphant blanc tutélaire est venu me rendre visite… Enveloppé de ses nuages diaprés, chargé comme toujours de brocarts et de soie, il apparut soudain, me toisa de ses yeux blancs légèrement ironiques, et sa voix martela quelques vérités.

– Maintenant l'hôpital c'est fini, on parle déjà de toi au passé. C'est rude, je sais, car la chirurgie est une sublimation. Ce n'est pas par hasard que tu fais ce métier… Mais il n'est pas douloureux de quitter une vie quand on en a une autre. Or tu en as une autre ! Tu as La Chaîne de l'Espoir ! Un beau projet, une ambition plus grande que toi à laquelle tu crois avec enthousiasme et où tu pourras rester un éléphant blanc toi-même, tel que tu as été consacré au Cambodge. Tu dois garder tes idéaux, continuer à soulager les misères du monde. Mais il faudra aller plus loin : transformer l'acte chirurgical en projet constructif. Applique les impératifs de la chirurgie à l'humanitaire. Pour opérer, il faut certes des chirurgiens, mais aussi des hôpitaux. Tu ne vas pas tout seul, ni même avec tes équipes, réparer tous les cœurs malades exotiques ! Dans cette nouvelle vie, tu dois encore te dépasser. Guérir, certes, mais aussi devenir un bâtisseur !

Et l'éléphant blanc est parti d'un grand rire cristallin, puis a disparu : il m'avait montré le chemin.

C'est ainsi que je me suis consacré, définitivement, aux enfants du tiers-monde, à leurs malformations, leurs bouilles déchirées, et bien entendu leurs petits cœurs en danger.

Dans ce dernier domaine, j'étais plutôt calé : en France, l'enfant cardiaque, je l'avais suivi pendant des lustres.

# – 2 –

# L'ENFANT CARDIAQUE ICI

Au début des années 1960, alors que, jeune interne, je m'orientais vers la chirurgie digestive, ma rencontre avec Alain Carpentier m'avait précipité sur les chemins aventureux de la chirurgie cardiaque, une spécialité qui venait à peine de naître et qui, à l'époque, était essentiellement centrée sur les enfants. Il s'agissait de sauver de jeunes vies qui vacillaient, victimes d'une malformation cardiaque ou d'un streptocoque venu rigidifier une valve du cœur. C'était le temps des pionniers lancés à la conquête de terres inconnues…

Dès lors, ma vie fut intrinsèquement liée à celle des enfants cardiaques, et je fus le témoin passionné des innombrables innovations qui jalonnaient ma carrière débutante.

Jusque-là, les enfants souffrant d'une malformation cardiaque grave mouraient dans de terribles souffrances. On ne pouvait rien faire. Les parents, impuissants et désespérés, les accompagnaient pour le peu de temps qu'ils avaient à vivre…

Désormais, la chirurgie cardiaque, dont les prémices furent totalement consacrées à ces enfants, semblait pouvoir un jour sauver ces petites victimes d'une erreur de la nature.

Remontons le temps… Les malformations congénitales du cœur chez l'enfant intriguaient les médecins depuis toujours. Ces mystérieux accidents du développement n'avaient aucune explication, et les jeunes malades qui en pâtissaient étaient souvent diabolisés. Dans l'Antiquité, on décrivait déjà ces enfants au gros ventre qui suffoquaient malgré les saignées et les sangsues. Hippocrate parlait de leur « teint bleu nuit sinistre qui surgit autour des lèvres, dans les conjonctives et sur l'extrémité des doigts ».

On constatait, mais on ne savait pas ! Il fallut attendre deux millénaires pour avancer vraiment dans la connaissance de ces atteintes cardiaques. Au XVIIIe siècle, des médecins français et italiens prirent l'habitude d'observer ces petits malades, dont ils répertoriaient tous les symptômes et les signes cliniques. Les jeunes patients succombaient bien souvent, et les autopsies permettaient d'établir les premières corrélations destinées à mieux définir les maladies.

En 1816, l'invention du stéthoscope fit faire de grands pas à ces études : on pouvait désormais noter les souffles et les bruits surgis de la poitrine. Des manuels furent édités, concernant l'auscultation, dont chaque étudiant en médecine dut bientôt connaître tous les détails. Au XXe siècle, la radiographie et l'électrocardiogramme permirent d'affiner encore l'approche diagnostique... Mais on n'avait toujours aucune arme pour intervenir.

Alors, les médecins accumulèrent des armoires pleines de bocaux... Des bocaux avec des cœurs d'enfants baignant dans le formol ! Cœurs entiers, cœurs ouverts, cœurs fendus, cœurs débités en tranches, et des fœtus aussi, la poitrine béante, laissant flotter dans le liquide leur cœur malade. Ces « bocauthèques », tristes collections réunies par les services de cardiologie des hôpitaux, étaient encore l'objet des travaux pratiques des jeunes stagiaires quand j'ai commencé mes études de médecine...

Au cours des premières décennies du siècle dernier, les pédiatres n'avaient qu'une arme à leur actif, bien dérisoire : trier, cataloguer les malformations de naissance de l'enfant. Ils répertoriaient avec mille détails les obstacles, les orifices anormaux, les inversions de conduits, les mauvaises positions, les cœurs à droite, les ventricules uniques... Une terrible statistique fut par ailleurs publiée : la malformation du cœur touchait huit à quatorze nouveau-nés sur mille. En gros, un bébé sur cent. Un chiffre confirmé depuis et qui n'a pas changé.

Peu avant la Seconde Guerre mondiale, on commença à monter des sondes dans le cœur pour analyser en direct des anomalies cardiaques. Des livres épais dédiés aux malformations congénitales furent publiés et montrèrent que les cardiopathies qui en résultaient pouvaient être divisées en trois grandes familles.

La première, peu fréquente, concernait les obstacles à l'éjection du sang, rétrécissement des gros vaisseaux, aorte ou artère pulmonaire, au niveau des valves.

La deuxième et la plus connue était celle des « enfants bleus », des enfants cyanosés en raison d'une mauvaise oxygénation du sang.

La troisième et principale grande famille des cardiopathies congénitales était celle des « shunts gauche-droite », terme barbare qui nous vient des Anglo-Saxons. Une explication s'impose… Le cœur est divisé en deux. Le sang qui passe par le cœur gauche est sous haute pression, et c'est grâce à cette pression que le sang se répand dans tout le corps. Le sang dans le cœur droit, lui, se dirige vers les poumons sous une pression quatre fois inférieure. Le « shunt gauche-droite » est le résultat d'une communication anormale entre les deux cœurs. À cause d'un petit orifice – parfois pas plus grand qu'une piécette –, le sang de gauche à haute pression prend le dessus sur le sang de droite à basse pression, s'engouffre dans le cœur droit et file vers les poumons. Cela provoque une surcharge énorme de sang dans l'artère pulmonaire qui, malgré son appellation de « cardiopathie », met en réalité en danger... le poumon ! Aujourd'hui, ces shunts gauche-droite, qui ont pour conséquence principale d'inonder le poumon de sang, peuvent être réparés par la simple fermeture précoce des communications anormales. « Précoce », parce que si l'on attend trop, des maladies pulmonaires se développent de façon autonome et évoluent jusqu'à provoquer la mort du patient. J'ai toujours trouvé cette mort terriblement injuste, puisque si l'on s'y prend assez tôt, le petit orifice responsable peut être facilement rebouché par un « artisan plombier du cœur ».

Tous ces troubles se résumaient, en effet, à des problèmes de tuyauterie... Aucun médicament ne pouvait avoir de répercussion sur un problème purement mécanique et l'on comprenait bien, en cette première moitié du XXe siècle, que seule une intervention chirurgicale pourrait réparer les circuits altérés. En cas de trou entre les ventricules, par exemple, il suffirait de fermer l'orifice anormal pour rendre la santé à l'enfant moribond...

Seulement, à cette époque, les chirurgiens étaient astreints à l'interdit ancestral : « On ne touche pas au cœur. »

Pourtant, l'aventure du cœur avait déjà ses légendes, ses héros dont nous répétions les exploits. Le premier pionnier audacieux fut Robert Gross, à Boston. Ce jeune chirurgien, vêtu d'un éternel sweat noir sous sa blouse blanche, cachait une détermination de fer derrière son allure de joueur de base-ball. À trente-trois ans, seul responsable dans son service en plein mois d'août 1938, il décida d'opérer la petite Lorraine, une fillette de sept ans qu'une anomalie congénitale condamnait. Le diagnostic était posé : persistance du canal artériel. Gross savait tout de cette anomalie déjà bien connue.

Pour comprendre le mal qui rongeait cette petite fille, il faut évoquer, d'abord, le fœtus en gestation dans le ventre maternel. Évidemment, nul ne l'ignore, le futur bébé nage dans le liquide amniotique. Il ne respire donc pas, et ses poumons sont encore pliés et inactifs. Le sang est tout de même oxygéné grâce au placenta qui permet une circulation. Et c'est là que le canal artériel intervient : c'est une dérivation du flux sanguin, qui évite ainsi les poumons, inopérants le temps de la grossesse.

Ce canal, qui ne mesure pas plus d'un centimètre, se ferme à la naissance : il est désormais inutile. Alors, le sang commence son cycle « normal » en allant se régénérer dans les poumons après avoir apporté l'oxygène à toutes les cellules du corps. Et ce canal artériel, on n'en parle plus…

Oui, mais quand il ne se ferme pas, comme chez la petite Lorraine ? Dans ce cas, une partie du sang passe à travers le canal et inonde les poumons, l'enfant a du mal à respirer, le moindre effort l'épuise, sa croissance est ralentie… En fait, la persistance de ce petit canal est incompatible avec la vie.

À l'époque, la plupart des bébés atteints mouraient rapidement, d'autres survivaient quelques années et finissaient par succomber, à bout de souffle. L'idée de Gross était de pallier la défaillance de la nature en fermant le canal fautif par une ligature. Un geste simple qui s'approchait du cœur, certes, mais ne le touchait pas directement : on ne transgressait pas l'interdiction suprême !

Oui, mais le canal est attaché à l'aorte par un tissu extrêmement fragile, qui risque de se déchirer au moindre traumatisme, et dans ce cas c'est la catastrophe absolue car l'hémorragie est massive, le sang jaillit, inonde le champ opératoire et entraîne le plus souvent la mort de l'enfant sur la table d'opération. À Paris et partout dans le monde, j'ai toujours fermé ces canaux avec anxiété. Et j'ai toujours répété aux jeunes chirurgiens en formation cette vérité :

– Il faut respecter le canal artériel, c'est une chirurgie sans filet.

Quoi qu'il en soit, le 26 août 1938, pour la première fois dans l'histoire de l'humanité, Gross exécuta l'acte fondateur de la chirurgie cardiaque chez l'enfant. Il lia le canal avec du fil de soie, serra, serra encore… Le geste dura trente secondes. Une éternité… Dans le canal, le grondement du sang s'apaisa, puis disparut.

Lorraine était sauvée. La nouvelle parcourut le monde et à partir de ce moment, tout changea.

Quelques années plus tard, Alfred Blalock transforma le sort des « enfants bleus » à Baltimore.

Partout sur la planète, les pédiatres voyaient mourir ces gamins victimes de diverses et graves malformations cardiaques. Ils étaient recroquevillés en position fœtale à la recherche d'un peu d'air, et leur sang mal oxygéné dessinait au bord des lèvres et au bout des doigts le maquillage bleu nuit de la mort au travail. La plupart de ces enfants étaient victimes de la tétralogie de Fallot, malformation cardiaque assez fréquente. En 1888, Arthur Fallot, médecin marseillais, avait décrit les quatre éléments qui, dans cette malformation, venaient perturber gravement la circulation sanguine : l'hypertrophie du ventricule droit, le déplacement de l'aorte, mais surtout le rétrécissement de l'artère pulmonaire, et la communication entre le cœur droit et le cœur gauche. Ces deux dernières malformations sont particulièrement graves car elles empêchent le sang de suivre son itinéraire naturel, le flux sanguin prend une mauvaise direction et évite les poumons, ce qui provoque un manque d'oxygène. Le sang bleu, non oxygéné, se répand dans tout l'organisme et ce manque d'oxygène affecte tous les tissus, mais les troubles les plus graves concernent le cerveau, avant le cœur. Le pronostic de cette maladie a longtemps été effroyable, sans aucune solution médicamenteuse.

Alfred Blalock faisait partie de ces chirurgiens élégants, un peu énigmatiques, qui parlent peu et gardent toujours une certaine réserve. C'était un chirurgien thoracique moderne, travaillant autant dans son laboratoire de recherches qu'au bloc opératoire.

Pour étudier la maladie pulmonaire, il avait en tête de faire une expérience en provoquant une hypertension dans les poumons d'un chien. Pour cela, il créa une dérivation qui ramènerait le sang vers ceux-ci et brancha ainsi l'artère de la patte du chien sur l'artère pulmonaire… Il n'était pas question, à ce moment-là, de trouver une solution pour les enfants bleus ! Mais Helen Taussig, sa collègue pédiatre, eut une intuition géniale en lui suggérant un jour, à la cafétéria de l'hôpital, que ce modèle pourrait peut-être soulager ses petites victimes de la tétralogie de Fallot. Blalock lui répondit de façon laconique :

– *Why not ?* Pourquoi pas ?

Après plusieurs essais sur le chien, le grand jour arriva à l'hôpital Johns-Hopkins. Helen Taussig présenta à Alfred le cas de la petite Eileen, une enfant bleue de onze mois, proche de la fin. Ce 29 novembre 1944, en pleine guerre mondiale, Alfred Blalock réalisa avec beaucoup de difficulté la première « opération de dérivation ». Après trois heures très délicates, le chirurgien leva la pince qui venait juste de libérer le flux sanguin.

– Alfred, elle est rose ! s'exclama Helen qui avait assisté à l'émouvante opération.

Une vague d'enthousiasme déferla sur le monde. Les enfants n'étaient pas guéris de leur mal mais comme ils étaient à présent oxygénés, ils étaient à l'abri de graves complications. Les réparations totales viendraient plus tard… Alfred Blalock était entré au Panthéon de la chirurgie cardiaque.

Lorsque j'étais interne, nous faisions chaque semaine plusieurs « Blalock ». En visite chez nous, à l'hôpital Broussais, le chirurgien américain, déjà âgé, m'impressionna par son charisme. Et par sa modestie ! Lorsque je lui demandai ce qu'il avait ressenti lors de cette première victoire, il me répondit :

– C'est Helen Taussig qui était le cerveau, et moi les mains.

*

* *

Il restait cependant beaucoup à faire. Tant qu'on demeurait aux alentours du cœur, tout était envisageable. Mais quand on veut fermer une communication anormale à l'intérieur de cet organe, c'est une autre histoire. Comment arrêter la pompe et interrompre la circulation afin d'opérer ?

Dans les années 1950, les États-Unis connaissaient un engouement pour l'hypothermie. Bon nombre d'Américains rêvaient de se faire congeler plusieurs années pour vivre plus tard une nouvelle existence ! Mais les chercheurs, eux, ne rêvaient pas et se passionnaient pour un modèle qui les intriguait : la marmotte. Lors de son hibernation, ce petit animal baisse sa température de trente-huit à quatre degrés et son rythme cardiaque passe de deux cent trente à moins de trente battements par minute. On se dit donc qu'on pourrait peut-être mettre en « hibernation » les futurs opérés, ralentir si bien leur cœur que cela donnerait le temps d'intervenir. On chercha à imiter la marmotte ! On mit les enfants dans un bain glacé pour faire chuter leur température de trente-sept à vingt degrés. Le chirurgien isolait ensuite la circulation en bloquant l'aorte et les retours veineux au moyen de pinces. La circulation du sang s'interrompait, l'enfant était en état de mort apparente… Le temps de réparer une légère malformation. J'ai connu ce processus périlleux. Les séquelles cérébrales n'étaient pas rares et je me souviens de certains enfants qui se balançaient interminablement dans leur lit, victimes de graves lésions au cerveau. Cette méthode fut donc abandonnée peu à peu.

Mais rien n'arrêtait les grandes équipes américaines travaillant sans relâche dans leurs laboratoires. À cette même période, une nouvelle idée prit forme : une sorte de « cœur-poumon artificiel » permettant le détournement de la circulation sanguine à l'extérieur du corps. Ce procédé devait offrir deux avantages : d'abord placer le cœur et les poumons hors circuit le temps de l'intervention ; ensuite, vider le cœur de son sang afin de donner une meilleure visibilité au chirurgien. On ne cherchait donc plus à arrêter la circulation, mais à la dériver hors du corps.

Les premiers essais furent incarnés par un étrange personnage, John Gibbon, à Boston. Un chercheur dont l'objectif était d'élaborer cette machine de dérivation, malgré le scepticisme de son entourage. Mais en voulant imiter la nature, ses prototypes d'appareils étaient d'une complexité extrême et les essais du chercheur se soldèrent par des échecs. Au bout de plusieurs décès de nourrissons, on finit par parler de la « machine infernale de Gibbon ». Malheureusement, l'inventeur génial n'eut pas la force de surmonter ses premiers déboires, et sombra dans la dépression sans parvenir à finaliser sa machine.

À cette époque, on visait surtout à réparer les communications anormales à l'intérieur du cœur, qui altéraient les poumons et fatiguaient cet organe. La chirurgie était simple et codifiée : fermer l'orifice anormal. Mais cette fermeture nécessitait bien d'arrêter le cœur, de l'ouvrir et de l'assécher.

C'est alors qu'en 1955, un nouveau héros de la chirurgie cardiaque fut révélé au grand public : Walton Lillehei, qui exerçait à Minneapolis. Il avait déjà fait ses preuves dans ce domaine innovant, et opéré plusieurs enfants avec succès en s'inspirant du principe du fœtus qui respire par la mère. Il appelait cette méthode « la circulation croisée ». Après de longues expériences sur des milliers d'animaux, ce génie avait mis au point sa trouvaille en connectant la circulation sanguine d'un père ou d'une mère compatible avec l'enfant malade. Après qu'on avait établi toutes les connexions veine à veine, artère à artère, et assuré la dynamique du circuit par deux pompes, le cœur du petit malade pouvait être arrêté et ouvert, vidé de son sang. L'oxygénation de son cerveau était assurée par son père ou sa mère.

– C'est la seule opération où l'on peut avoir deux cents pour cent de mortalité, raillaient les sceptiques.

On faisait effectivement prendre des risques non seulement à l'enfant malade, mais aussi à l'adulte bien portant… Ce procédé précurseur permit tout de même à Lillehei de sauver cent cinquante-huit enfants ! Mais lui, la star des stars, voyait déjà la limite de cette technique. Il était avant tout un fonceur, un obstiné, un bison. Bien plus tard, en 1975, je l'ai rencontré à Minneapolis et j'ai été frappé par sa force et son énergie, qui contrastaient avec son allure raide et sa tête en permanence penchée sur le côté, conséquence d'une grave opération au cou des années auparavant. De cet homme qui avait montré la voie de la chirurgie à cœur ouvert, on disait qu'il avait « des yeux au bout des doigts ».

Dans le but d'aller plus loin, il regroupa dans son laboratoire des médecins et surtout de jeunes ingénieurs. L'un de ces derniers, Richard DeWall, lui affirma qu'il n'était pas nécessaire d'imiter la nature : il fallait aller au plus simple, appliquer le principe de l'eau pétillante… Ainsi, ils mirent au point un curieux appareil : l'oxygénateur à bulles. Dans une première chambre de l'appareil, le sang était oxygéné par l'introduction de bulles d'oxygène. Seulement, différence de taille avec une boisson gazeuse, le sang ne devait ni mousser ni pétiller. DeWall se rendit dans une grande boutique de bricolage et y dénicha un produit « anti-mousse »… Le bricoleur de génie ajouta à la machine une seconde chambre remplie de cet agent anti-mousse, et put ainsi obtenir un sang correctement oxygéné, sans mousse et sans bulles… Lillehei put commencer ses expériences sur des animaux. Des centaines furent opérés à cœur ouvert, avec succès, grâce à l'oxygénateur à bulles. C'était donc faisable !

Alors, en mai 1955, muni de ce système magique, Lillehei tenta la première opération à cœur ouvert sur un enfant de trois ans… Échec. La deuxième tentative fut menée sur un nourrisson de dix-neuf mois… Échec. Je me suis souvent demandé comment un chirurgien pouvait résister à la mort d'un enfant. Et comment il osait prendre un tel risque en connaissance de cause, au nom du progrès. Je crois que, personnellement, je n'aurais pas eu la force de poursuivre. Mais Lillehei se sentait sans doute investi d'une mission : sauver les enfants cardiaques, qui étaient de toute façon condamnés. Animé d'une foi mystérieuse, il savait que la solution était proche et il continuait, à raison. Le troisième petit malade survécut. Puis le quatrième, le cinquième, le sixième. Son « cœur-poumon » contre nature fonctionnait. La nouvelle se répandit sur toute la planète. Des chirurgiens du monde entier se précipitèrent à Minneapolis, devenue « La Mecque de la chirurgie cardiaque ». Tout le monde voulut tester l'appareil « cœur-poumon ». En bon Américain, Lillehei le commercialisa… et devint milliardaire.

En décembre 1955, le tout premier cœur ouvert d'Europe fut pratiqué à Paris par mon futur patron, Charles Dubost. Au début, ces opérations à cœur ouvert ne concernaient que les enfants, et l'on choisissait les cas les plus favorables car c'étaient des interventions très complexes qui duraient une journée entière, avec une lourde mortalité, hélas.

Il fallait pourtant bien se rendre à l'évidence, l'avance américaine était écrasante. Des buildings dédiés à la chirurgie cardiaque sortirent de terre à Houston, Cleveland et Rochester. L'Europe ne pouvait que constater son retard et trottinait à l'arrière du peloton de l'innovation. Dans les années 1960, le cœur était américain ! C'était le triomphe de la révolution technologique et de la rigueur scientifique, mais aussi des moyens financiers.

*
* *

Alertée sur ce retard par les médias, l'opinion française se mobilisa. En octobre 1957, sur la station de radio Europe n° 1, Pierre Bellemare lança dans son émission « Vous êtes formidables » une opération nationale appelée « Cœurs d'enfants ». Des voitures aux couleurs d'Europe n° 1 passèrent dans tous les villages de France, des paniers accrochés aux portières, et les gens jetaient leur aumône ! Des centaines de millions de francs de l'époque furent collectés pour bâtir, à Paris, un centre dédié aux enfants cardiaques. Ce n'était pas suffisant, mais l'État pouvait-il ne pas apporter les millions supplémentaires ? Et, en 1960, dans l'enceinte de l'hôpital Broussais, le pavillon Leriche sortit de terre. C'est dans ce pavillon que j'allais passer trente ans de ma vie.

Dix ans plus tard, on maîtrisait les différentes opérations à cœur ouvert, on fermait les orifices anormaux, on levait les obstacles. On comprit également qu'il s'agissait d'une chirurgie d'équipe, où l'anesthésie et la réanimation étaient aussi importantes que le geste opératoire. Pour les cas les plus complexes, les échecs étaient encore fréquents. Le principal problème concernait les Fallot qui devaient subir une réparation totale pour être guéris à vie. C'était une chirurgie compliquée et très délicate.

J'étais alors interne et je me souviens d'une semaine à l'hôpital Laennec où six enfants atteints de Fallot sont morts en salle d'opération. Il fallait encore aller aux États-Unis pour apprendre. Je décidai donc de m'y rendre. À la Mayo Clinic, je fus ébloui par la prestation des équipes chirurgicales complètement rodées. Un des leaders du célèbre hôpital, Dwight McGoon, me disait :

– Le Fallot, c'est l'opération aux mille détails.

J'eus bien des occasions de m'en rendre compte et sortis de ce stage déterminé à tout faire pour être au niveau. Ma vie serait dédiée à l'hôpital, jour et nuit.

Cela dit, nous étions toujours limités dans nos investigations préopératoires car, « aveugles », nous ne pouvions pas visualiser les malformations. Les ultrasons, technique dérivée du sonar datant de la Seconde Guerre mondiale, comblèrent cette carence. L'appareil à ultrasons détectait désormais les malformations du cœur avec la plus grande précision. Peu à peu, le chirurgien put établir la stratégie opératoire, guidé par les images de l'échographie. Dans les années 1980, les premiers services dédiés aux enfants cardiaques apparurent, mêlant plusieurs spécialités : la cardiopédiatrie était née. Des études précisèrent qu'en dehors de la mortalité néonatale, la principale cause de mortalité infantile, après le premier mois, était liée au cœur. À l'instar des États-Unis, des équipes soignantes furent créées afin de prendre en charge les enfants cardiaques grâce à une chaîne de soins. Le dépistage des malformations chez l'enfant fut lancé à grande échelle. À la même époque, l'embryologie, science du fœtus, avançait à grands pas. Et en se fondant sur l'analyse des cœurs d'animaux, en particulier ceux des mammifères et du serpent, on comprit peu à peu comment se formait le cœur. Une histoire fascinante…

Quand la machinerie génétique se met en route vingt jours après la conception, une esquisse du cœur se manifeste déjà sous la forme insolite d'un tube animé de battements. Ensuite, le cœur semble étrangement remonter le temps de l'évolution des espèces… Deux cavités et quatre gros vaisseaux apparaissent, vestiges incongrus de l'embryon du poisson. Le cœur a l'air d'hésiter : va-t-il se faire poisson ou mammifère ? C'est alors que se produit un effrayant bouleversement. Plis, replis, rotations, torsions, bascules… On assiste à une sculpture active, presque divine. Au début du deuxième mois, le cœur a choisi sa voie : le tube des origines s'est transformé en un organe conique fait d'un muscle, mais aussi de pleins et de creux… Il se prépare à pulser des milliers de litres de sang par jour. À la fin du deuxième mois, l'étape finale se met en marche : celle du cloisonnement. En effet, des « rideaux » vont partager le cœur en deux parties distinctes : le cœur droit et le cœur gauche. Oui, nous avons tous deux cœurs ! Définitivement formés, ces cœurs sont constitués chacun d'une oreillette et d'un ventricule. Les oreillettes sont les deux cavités supérieures, perchées sur le haut de l'organe ; ce sont des réservoirs par lesquels passe le sang avant de pénétrer dans la partie inférieure, les deux ventricules. Entre les ventricules, d'une part, et les oreillettes, d'autre part, se trouvent ces soupapes que l'on appelle valves.

Les connaissances en embryologie permettent de comprendre à quel moment de la formation du cœur se situent les principales anomalies comme les communications anormales. Plus grave, une malfaçon au moment de la formation des ventricules entraîne un ventricule unique, sans solution thérapeutique. Un blocage au niveau de la formation des gros vaisseaux, et c'est la terrible « transposition des gros vaisseaux » : au lieu de naître du ventricule gauche, l'aorte naît du ventricule droit et, parallèlement, l'artère pulmonaire naît du ventricule gauche au lieu du droit. Cette malformation est incompatible avec la vie : la mort vient au premier cri.

D'une façon générale, il est prouvé que plus l'anomalie arrive tôt, plus la malformation est sévère. Les chercheurs se mobilisent depuis des années pour tenter de répondre à la question essentielle : pourquoi ces malformations ? Les études démontrent que des facteurs externes peuvent être nocifs à une ou plusieurs étapes de la formation du cœur. Ces facteurs n'interviennent que pendant les deux premiers mois de la grossesse. La rubéole a été étiquetée comme facteur majeur, d'où la vaccination obligatoire des petites filles, potentielles futures mamans. On accuse aussi des agents physiques tels que les radiations et certains médicaments. De récentes recherches se centrent sur le génome pour tenter de détecter un facteur chromosomique qui expliquerait la genèse de la malformation. Mais dans l'état actuel de la science, les malformations cardiaques ne sont pas nécessairement héréditaires.

Stimulés par toutes ces recherches, les médecins furent persuadés que le maillon manquant des investigations était la détection des malformations chez le fœtus avant le cinquante-sixième jour de grossesse, c'est-à-dire à la fin de la formation du cœur. Dans les années 1990, l'échographie anténatale fit ses débuts. Très vite, on put tout dire sur les malformations cardiaques du fœtus avant le deuxième mois. Ce fut une révolution dans l'approche des anomalies cardiaques. La vérité était exposée au tout début de la grossesse et le corps médical était alors confronté à un dilemme : que dire aux parents ? Un débat poignant fut lancé sur l'avenir du bébé : pouvait-il vivre et à quel prix ? Était-il candidat à la chirurgie ? Avait-il une malformation curable ? Pour répondre à ces questions, des comités d'éthique furent créés et eux seuls purent autoriser ou non l'interruption de grossesse avant le deuxième mois. Chaque semaine, des réunions comprenant plusieurs spécialistes affinaient l'avis médical avec toutes les réserves et toutes les subtilités nécessaires à une bonne décision. Ayant assisté de nombreuses fois à ces réunions, je les ai trouvées perturbantes car inévitablement on ressent de l'empathie pour les parents. Comment aborder ce sujet avec eux ?

J'ai vécu des rencontres poignantes avec des géniteurs dont on remet en question l'avenir, la chair de leur chair. À ma grande stupéfaction, certains parents refusent d'admettre toute anomalie même mineure. Ils ne comprennent pas qu'une opération bien menée sauvera leur futur bébé… Et au centre du débat reste bien sûr l'avortement en cas de problème incurable, surtout s'il s'agit d'une grossesse tardive. En congrès aux États-Unis en 2012, j'étais entouré de chirurgiens européens et américains. Nous devions nous prononcer, lors d'une séance, sur l'interruption de grossesse face à des malformations cardiaques sans remède. À ma grande surprise, le vote fut favorable à l'avortement, mais de peu, et seulement en raison de la présence des Européens, car la majorité des Américains était contre. Son argument était que ces cœurs mal formés faisaient progresser la médecine ! Le débat reste curieusement ouvert, frôlant le domaine éthique et non plus médical.

Munis de l'échographie anténatale, les pédiatres remirent sur le devant de la scène les « transpositions des gros vaisseaux », cette inversion des vaisseaux qui sortent du cœur, malformation très fréquente et extrêmement grave. Les chirurgiens mirent au point leur technique de réparation. Il fallait schématiquement remettre à la bonne place les robinets inversés, comme un plombier. J'ai vécu ces premières tentatives chirurgicales. C'était une stratégie impliquant plusieurs équipes. Le diagnostic était fait dès le deuxième mois de grossesse et, avec l'accord des parents, il était décidé d'agir dès le jour de la naissance. En salle d'accouchement, le nouveau-né était confié immédiatement au SAMU qui le conduisait sous réanimation en salle d'opération. À cette époque, le bébé était aussitôt mis en hypothermie profonde pour permettre un arrêt total de la circulation. Le geste réclamait une grande technicité car le cœur et le thorax du bébé, tout petits, n'admettaient pas les doigts. Tout devait être fait « à distance », avec des instruments adaptés et donc très fins. Comme les grands pionniers, il nous fallut subir certains échecs avant que la lumière apparaisse. Cette lumière, je la vis venir de Rio de Janeiro où le chirurgien brésilien Adib Jatene réussit à réparer cette curieuse malformation en 1991. Les années passèrent et les excellents résultats à distance validèrent ce geste désormais codifié, nécessaire à la vie.

Grâce à la chirurgie de la transposition, parfaitement mise au point, toutes les étapes de la chirurgie cardiaque néonatale se sont peu à peu banalisées. La principale est sans doute la réanimation, univers où technologie et rigueur règnent en maîtresses, où tous les dosages sont faits avec une précision extrême, au millimètre, au millilitre, au milligramme près. On prescrit des drogues « à la goutte ».

C'est ainsi qu'aujourd'hui, dans nos pays de haute technologie, la plupart des malformations cardiaques détectées pendant la grossesse sont opérées avant l'âge de six mois. Et heureusement, progrès immense, cette chirurgie lourde ne s'impose plus dans tous les cas, elle peut être bien souvent remplacée par des sondes ! C'est la chirurgie dite « à thorax fermé ». Une ou plusieurs sondes sont montées par les veines ou les artères dans le cœur pour exécuter des gestes salvateurs comme la dilatation d'un orifice rétréci, la fermeture d'un canal artériel par une prothèse occlusive ou encore une communication interauriculaire obturée par une sorte d'ombrelle très exactement positionnée. Tous les ans, de nouvelles techniques élargissent le champ d'action de la cardiopédiatrie, et je vois avec étonnement la chirurgie diminuer chaque jour un peu plus au profit des sondes de la cardiologie interventionnelle. Et, miracle, un enfant souffrant d'une importante communication interauriculaire entre aujourd'hui à l'hôpital le matin et en sort le soir même, totalement guéri.

*

* *

En un demi-siècle, j'ai vécu les glorieuses années de cette chirurgie dédiée aux enfants cardiaques, presque tous victimes d'une malformation de naissance. Pour nous, chirurgiens, sauver une vie a toujours donné une ampleur sans pareil à notre geste. Quoi de plus beau que rétablir l'anatomie normale d'un cœur mal formé ? Avec le recul, je mesure la chance immense qui m'a été donnée de pouvoir côtoyer les grands pionniers, ces formidables conquérants du cœur. D'apprécier leur curiosité scientifique, leur audace et leur rigueur… Sans oublier leur foi en la vie qui les a incités à sortir des sentiers balisés pour le bienfait de tous.

Hélas, les deux tiers de la planète sont encore exclus de ces avancées fulgurantes, et nous, les chirurgiens de La Chaîne de l'Espoir, nous nous acharnons, depuis longtemps déjà, à en faire profiter les enfants du bout du monde.

# – 3 –

## L'ENFANT CARDIAQUE « LÀ-BAS »

Ils m'ont salué debout, les chirurgiens cardiaques américains. À leur congrès de New York, j'étais venu leur parler de notre expérience de quinze ans autour du thème : « La chirurgie cardiaque de l'enfant dans les pays en voie de développement ». Je leur avais présenté les résultats de nos actions dont avaient bénéficié des milliers d'enfants et cette standing ovation m'a étonné. Pendant mon exposé, j'avais senti une attention toute particulière, j'étais honoré d'être ainsi reconnu par mes pairs d'outre-Atlantique, eux dont les prédécesseurs avaient ouvert les portes de la chirurgie cardiaque moderne et qui, pendant tant d'années, avaient eu le monopole du progrès, des avancées et des premières audacieuses dans ce secteur. Mes auditeurs avaient compris l'importance de la tâche réalisée et avaient parfaitement perçu tout ce qui restait à accomplir.

En fait, soigner les enfants cardiaques de « là-bas », des pays pauvres, encore peu développés, c'est ouvrir un livre d'histoire de la médecine qui s'arrêterait aux années 1930... Contrairement à chez nous, pays d'abondance, l'enfant cardiaque des pays pauvres est trop souvent abandonné à son triste sort faute de moyens humains, matériels, financiers... faute de tout. Les maladies ou malformations qui y font des ravages ont disparu de nos horizons, ou, au moins, sont traitées quasiment à la naissance, et n'atteignent plus ces stades d'horreur et de souffrance que l'on constate ailleurs. C'est pour l'enfant cardiaque des pays pauvres que La Chaîne de l'Espoir est née.

*

* *

J'ai raconté à mes confrères du congrès de New York l'histoire de cette association, en remontant jusqu'à mars 1989, quand La Chaîne de l'Espoir en était à ses débuts.

Je me rendais alors pour la première fois dans un Cambodge qui sortait difficilement de quinze années de guerre : je venais examiner quelques enfants cardiaques qui pourraient se faire soigner en France. La consultation avait lieu à Phnom Penh, la capitale, et l'événement faisait sensation. Nous nous trouvions dans un vieil amphithéâtre de l'hôpital Calmette, qui avait l'allure d'un opéra à l'italienne, bondé de monde, y compris derrière les fenêtres. Tout avait été organisé pour faire de cette consultation une fête. Nous, médecins, étions installés sur une estrade devant laquelle s'entassaient les cadeaux offerts par les patients : bouquets de fleurs, fruits, statuettes, bâtonnets d'encens… On aurait pu nous prendre pour des moines adulés par une foule fervente. Deux vieux ventilateurs gémissants s'efforçaient de brasser l'air trop humide et trop chaud. Tragiquement sages sous la touffeur, une centaine d'enfants nous souriaient faiblement dans les bras de leurs mères. On leur avait mis leur plus beau costume et les mères portaient la robe traditionnelle khmère.

J'étais accompagné de Natacha, une femme médecin russe installée au Cambodge, et du docteur Chiour, un cardiopédiatre. Petit et râblé, il parlait un français approximatif et me prévint d'emblée :

– *Sorry*, ici pas d'écho. Nous n'avons pas de moyens…

Pas d'échographie cardiaque, ça commençait bien. Je m'étais préparé à replonger au début du XXe siècle, et j'allais être servi… Une cohorte de petits malades commença à défiler devant moi, et je me trouvai en effet face à ce que décrivaient les livres de médecine d'autrefois : des malformations cardiaques de naissance à des stades extrêmement avancés qu'on ne voyait plus dans nos pays, un enfant bleu ne pouvant pas marcher à la suite d'un abcès au cerveau, une fillette en insuffisance cardiaque au gros ventre rempli de quatre litres de liquide…

Pour les patients dont l'examen clinique devait être plus fin, je me retrouvais dans la position de mes aïeux, les cardiologues « aveugles » qui n'avaient que le son pour établir un diagnostic, puisque le matériel nécessaire manquait. Il fallait donc revenir à l'auscultation détaillée et à la simple radio du thorax. Je vis des enfants qui avaient survécu tant bien que mal, et je constatai de petits miracles : quelques-uns avaient développé des mécanismes de compensation afin de survivre, malgré de graves atteintes cardiaques. Ainsi, certains d'entre eux, qui auraient dû mourir depuis longtemps, étaient là, bien présents, de manière scientifiquement incompréhensible. Mais je vis surtout des enfants au stade terminal, à cause de communications interventriculaires, avec un gros foie et des œdèmes aux jambes, qui n'auraient pu être sauvés que par une greffe cœur-poumon.

La masse des patients et leurs familles continuaient de défiler devant nous… Le silence solennel du début s'était rapidement transformé en brouhaha et, avec le docteur Chiour, nous avions du mal à nous faire entendre.

Madame Sy, l'assistante sociale locale, une femme au fort caractère et à la mise soignée, cachait un drame intime : toute sa famille avait été massacrée sous le régime des Khmers rouges. Elle réclamait le silence en hurlant dans son mégaphone, avant d'appeler les enfants un à un. Nous étions dans le dénuement le plus total, complètement limités par l'absence d'exploration du type échographie ou cathétérisme. Au fur et à mesure que se déroulait la consultation, je prenais peu à peu conscience du terrible destin de ces enfants cardiaques dans les pays pauvres et de la tâche immense qui m'incombait dorénavant.

– Sok Khiet ! lança madame Sy.

Un garçon grand et maigre au regard triste se leva au fond de la salle et s'avança avec difficulté. Sa marche fut stoppée par des cris qui s'élevèrent des premiers rangs. Les gens s'agitaient et appelaient à l'aide. Madame Sy se précipita. Avec autorité, elle écarta les familles pour arriver devant un gamin étendu à terre inanimé, les yeux révulsés.

– Monsieur Deloche, venez vite ! cria-t-elle.

J'accourus.

– Pour quoi vient-il ?

Chiour feuilleta son dossier.

– Sténose aortique.

En clair, cela signifiait qu'une membrane placée sous la valve aortique empêchait la bonne éjection du sang dans la circulation. J'auscultai l'enfant et entendis un rythme cardiaque très lent avec souffle systolique. En prenant le pouls, je constatai des battements anarchiques.

– Il faut le masser, dis-je.

Comme personne ne réagissait, je commençai le massage cardiaque tout en m'adressant à Natacha :

– Il faut emmener cet enfant en réa.

Tout autour, le silence était retombé sur les familles effarées. Chiour souleva le petit corps inerte et l'emmena rapidement dans la salle de réveil aux carreaux bleu clair où stagnait une odeur d'éther. Un grand lit trônait seul dans la pièce, mais aucun moyen technique pour sauver cet enfant, le défibrillateur russe était hors d'usage. N'ayant aucun doute sur l'issue fatale qui menaçait ce petit, je prescrivis tout de même à haute voix un geste que je savais inutile mais qui sauvait la face de l'équipe soignante :

– Il faut mettre une perfusion avec de l'adrénaline et attendre.

L'enfant avait une bombe à retardement dans la poitrine : tout semble aller bien et brusquement, après un effort ou sous le coup de l'émotion, survient la syncope ou la mort subite.

*

* *

Quelques mois après ma visite au Cambodge, je me trouvais à Brazzaville, en République du Congo, pour tenter d'établir une antenne locale afin de faciliter le transfert des enfants malades. Tout se passait au CHU construit par la France vingt ans auparavant. Ainsi que le voulait la coutume africaine, la consultation se tenait dans un vaste patio adjacent au service de pédiatrie, quasiment en plein air, comme à l'époque coloniale.

Le patio fut rapidement plein à craquer. De nombreuses familles étaient venues avec leurs enfants malades, en quête d'un miracle. Les couleurs éclatantes des boubous portés par les femmes et les fillettes égayaient le tableau et apaisaient l'angoisse des patients. Les petits garçons, eux, étaient habillés comme pour une fête : pantalon aux plis nets, tennis et casquette griffée, ou encore pantalon de survêtement de la marque aux trois bandes.

Le professeur Nzigoula m'accueillit, entouré de son personnel en blouse blanche.

– Bienvenue, professeur Deloche ! tonna-t-il.

À ce signal, tout le monde se leva et chanta une chanson de bienvenue en langue bambara.

La poignée de main échangée avec le professeur Nzigoula fut longue et éloquente, puis la confiance et l'amitié s'installèrent entre nous quand il me raconta des souvenirs de sa formation à Lille et à Paris. Nous étions entre collègues, presque intimes depuis toujours. « Les vieilles amitiés s'improvisent », disait Courteline. Nzigoula me confia à voix basse :

– Nous sommes dans un grand dénuement. Notre CHU est moribond. La pédiatrie manque de tout, et je ne vous parle pas de la cardiologie.

Puis il reprit son discours d'une voix plus assurée et sur un ton solennel.

– Comme vous le savez, les malformations de naissance sont de l'ordre de un pour cent. Beaucoup d'enfants meurent dans la première année faute de soins. Peu d'entre eux passent le cap de cette première année, et après, tout dépend du type de malformation… et de la bonne nature.

Il s'interrompit pour boire une gorgée d'eau et reprit son terrible exposé, qu'il avait sans doute préalablement répété.

– Mais vous allez le voir pour le croire : en plus des maladies de naissance, chez nous en Afrique, beaucoup d'enfants sont victimes des angines et de leurs complications cardiaques. Cette terrible maladie les frappe à partir de l'âge de cinq ans, c'est un véritable fléau. Je vous ai sélectionné certains de nos patients qui en souffrent.

Entourés de jeunes médecins et du personnel infirmier, nous nous sommes alors assis devant une table en bois croulant sous des piles de dossiers médicaux.

– Commençons, dit Nzigoula à sa jeune assistante, Anne-Berthe.

Intimidée, Anne-Berthe présenta le premier cas clinique.

– Voici Merveille, dit-elle en appelant une petite fille très maigre, qui avança jusqu'à nous avec peine, soutenue par sa mère tout en embonpoint.

– Cette enfant est âgée de douze ans et vient de Pointe-Noire. Il y a trois ans, elle a fait une angine avec manifestation articulaire. L'atteinte cardiaque est apparue trois semaines après. Elle a été traitée par les antibiotiques, et tout a régressé sauf l'atteinte des valves du cœur. Il est à noter que l'enfant avait fait plusieurs angines non traitées avant cet épisode. Aujourd'hui elle est de plus en plus essoufflée. Elle ne monte pas un étage et elle dort avec trois oreillers pour pouvoir respirer. Elle prend des diurétiques, mais de façon épisodique car sa famille est très pauvre.

Avant de l'examiner, je me tournai vers les jeunes médecins et leur dis de façon professorale :

– La clinique est capitale… D'abord, servez-vous de vos yeux, puis de vos mains et enfin de vos oreilles.

J'observai cette enfant trop maigre. Elle avait en effet du mal à respirer et ne supportait pas la position allongée. Son thorax était déformé, la partie gauche nettement plus développée là où le cœur avait « fait son nid » en grossissant anormalement. Je posai ensuite une main sur son cœur et ressentis un frémissement, une sorte de vibration qui signalait l'atteinte d'une valve. Son foie très gros et douloureux à la palpation confirma la gravité du cas. Enfin, je passai à l'auscultation. Au niveau du cœur, j'entendis un énorme souffle en « jet de vapeur » signalant l'insuffisance de la valve mitrale. Au niveau des poumons, on entendait des râles crépitant « comme du gros sel sur le feu » qui laissaient présager un début d'œdème pulmonaire. La radio et l'électrocardiogramme confirmèrent le tout. Je me tournai vers les étudiants.

– Vous voyez, la clinique est claire, mais là vous êtes aveugles ! Il vous manque l'écho, qui vous montrerait avec précision l'atteinte de la valve mitrale et l'importance du dysfonctionnement du cœur.

En bon clinicien, Nzigoula posa la seule question qui vaille :

– Pensez-vous que l'on puisse réparer la valve plutôt que de la remplacer ? Il faudrait éviter les anticoagulants nécessaires avec une prothèse.

– C'est probable, elle sera opérée à Paris, à l'hôpital Broussais, dans le temple de la réparation mitrale.

Nzigoula paraissait joyeux de parler médecine comme s'il était dans un CHU français. Notre échange était pour lui porteur d'espoir.

– Malade suivant.

– Voici l'enfant Merdi, annonça Anne-Berthe.

Un petit garçon d'environ dix ans s'avança vers nous.

– Quel drôle de prénom, m'étonnai-je.

– Cela veut dire « Merci Dieu ». C'est un raccourci, m'expliqua Anne-Berthe.

Je vis tout de suite que la tête de Merdi bougeait à chaque battement cardiaque... c'était le signe dit de Musset, hochement de la tête rythmé par le cœur, un symptôme que j'avais uniquement étudié dans mes livres de médecine, mais que je n'avais jamais vu chez mes patients en France.

Je diagnostiquai une insuffisance aortique, c'est-à-dire un défaut d'étanchéité des valvules aortiques situées à la sortie du ventricule gauche. Cette non-fermeture des valvules entraîne une régurgitation de sang dans le ventricule gauche, donc un surcroît de travail énorme pour le cœur. Les contractions cardiaques étaient très puissantes, et entraînaient ce mouvement si particulier de la tête. Là encore, l'indication s'imposait : à opérer le plus rapidement possible car la vie du petit patient était menacée, il fallait remplacer la valve malade par une prothèse.

Je vis ce jour-là défiler une centaine d'enfants, beaucoup de cardiaques, mais pas seulement… La consultation prenait par instants des allures de cour des miracles. On me montrait des handicapés moteurs, des hydrocéphales à grosse tête, des séropositifs avec complications pulmonaires… À la fin de cette épouvantable journée, j'avais une vision nettement plus claire sur notre « salle d'attente » du bout du monde ! Je comprenais surtout que, pour moi, il s'agissait d'un nouveau métier… En effet, les cas étaient si graves que j'avais perdu tous mes repères.

*
* *

Au fil des années, j'en ai appris beaucoup sur ces maladies cardiaques dont l'enfant est la cible privilégiée. L'enfant cardiaque là-bas, dans les pays pauvres, représente une spécificité qui pourrait faire l'objet de tout un chapitre de la médecine. La maladie de ces enfants est généralement détectée tardivement, parce que l'indifférence ou l'éloignement ou l'ignorance ont retardé le moment où ces petits malades épuisés sont enfin présentés à un médecin.

Auparavant, on a souvent tenté de faire appel aux secours inefficaces de la médecine traditionnelle, et ces gamins arrivent devant nous au stade ultime, voire à la dernière extrémité. Ces maladies cardiaques si avancées présentent des tableaux que l'on ne voit plus en France et nécessitent, pour y faire front, de nouveaux repères, de nouvelles pratiques médicales, de nouveaux gestes chirurgicaux. Il nous faut sans cesse innover, nous adapter, et surtout effectuer des gestes à l'économie parce que nous sommes dans un contexte de carences. Faire plus avec moins, tel est notre challenge permanent !

Dans cette situation de pauvreté terrible et de maux extrêmes surgit la nécessité permanente de faire des choix : nous devons renoncer à porter secours à ceux qui n'auraient que peu de chances de survivre à l'opération. Je n'oublierai jamais le regard de ces mères qui, sans comprendre notre jargon, savent d'instinct que nous avons décidé d'abandonner leur enfant à son triste sort. Choix effroyable parce que le même enfant, en France, aurait peut-être sa chance. Il est vrai qu'en médecine, et en chirurgie plus encore, nous sommes constamment amenés à faire des choix, là-bas et ici. Greffe cardiaque ou non pour ce patient ? Intervention ou médicaments pour celui-ci ? La médecine est faite de choix, et heureusement l'arbitraire n'existe pas !

Notre décision est prise sur des critères très clairs, calculés, jugés, étudiés.

Mais même pour ceux que nous voudrions tenter de sauver, nous restons parfois impuissants. Notre action de dépistage sur le terrain crée inévitablement un afflux de malades et donc la constitution de terribles listes d'attente. Au Cambodge, au Mali, au Sénégal ou en Afghanistan, ces listes dramatiques ne font que s'allonger… Une série de noms et prénoms avec l'âge, un diagnostic précis, un pronostic établi et l'indication d'un geste chirurgical qui se fera ou ne se fera pas car la liste est énorme. Alors, au fil du temps, il y a aussi des noms barrés avec, en face, l'horrible mention « DCD »… parce qu'il est trop tard. La liste d'attente, pour moi, c'est une responsabilité toujours brûlante. La liste d'attente, c'est un espoir jamais assouvi. La liste d'attente, c'est un poids quotidien. La liste d'attente, c'est une douleur insistante qui ne me quitte jamais.

Là-bas, les atteintes de nos jeunes patients sont divisées en deux grandes catégories. D'abord, les malformations de naissance, un fléau car aucune détection anténatale n'est organisée. C'est à la naissance seulement, parfois même des années plus tard, que l'on s'alerte pour des toux persistantes ou une croissance contrariée. Ensuite, deuxième catégorie, une bonne moitié des enfants étiquetés cardiaques sont victimes de mauvaises angines qui ont abîmé le cœur.

Globalement, les statistiques nous démontrent que l'on trouve environ vingt-cinq mille enfants cardiaques pour dix millions d'habitants. Tous ne sont pas à opérer, bien sûr, certains peuvent être simplement soignés par un traitement médicamenteux, mais dans tous les cas la charge financière pour la famille est lourde : le traitement exige un budget d'environ quarante euros par mois. Quant à l'intervention à cœur ouvert, elle coûte, sur place, environ trois mille euros, et beaucoup plus si l'on fait venir l'enfant en France.

Dans des pays où l'assurance maladie n'existe pas, les familles plongées dans la misère n'ont pas la possibilité de faire face à des soins de santé aussi chers... Alors, pour traiter l'enfant malade, faut-il vendre le buffle ou la maison ? Question récurrente, tragédie de chaque jour. Doit-on laisser ces gens sacrifier leur seul moyen d'existence, leur seul bien ? Impensable, nous les pousserions dans une indigence plus irrémédiable encore.

Soins onéreux, listes d'attente, choix insupportables... tout cela est assez révoltant pour nous, médecins, et très dur à vivre dans notre pratique au bout du monde.

Pourtant, en dépit de toutes ces difficultés, l'enfant cardiaque reste mon combat. Mais ma révolte devient indignation pour les victimes de cette atteinte spécifique des valves cardiaques due aux angines mal soignées. Cette maladie, disparue de nos contrées, fait encore des ravages dans les pays de misère et découle directement du cumul de deux malheurs : la maladie et la pauvreté.

*

* *

J'ai opéré des milliers d'enfants, et certains restent dans ma mémoire de manière indélébile... Parmi tous ceux que nous avons sauvés au Cambodge en créant à Phnom Penh le centre du cœur, je me souviens de Sokhem, qui avait dix ou douze ans.

Le père de Sokhem avait déjà tout tenté pour son fils. Dans son village, il avait consulté le *kru*, le médecin traditionnel. Celui-ci avait recommandé quelques décoctions de racines d'arbres... C'est en cyclo-pousse que l'enfant et son père sont arrivés à notre hôpital. Portant son jeune fils dans ses bras, le père l'a tendu aux infirmiers comme une offrande. Le médecin khmer de garde aux urgences a reçu cet enfant très pâle, recroquevillé sur lui-même, cherchant son souffle dans une respiration saccadée entremêlée de pauses silencieuses et angoissantes.

– Il est né quand, ce petit ? interrogea le médecin.

– À la saison des pluies...

– Mais en quelle année ?

– Peut-être l'année du buffle ou celle du rat... Son karma n'était pas bon, alors, pour essayer de le changer, on a modifié son prénom, on l'a appelé Sokhem, mais ça n'a rien fait.

Sokhem… « l'espoir » en langue khmère.

– Depuis quand Sokhem est-il malade ?

– Depuis quatre saisons. Le *kru* a dit que le démon est à l'intérieur. Je voudrais tant qu'il en soit libéré…

Rapidement, le médecin fit un échocardiogramme, qui confirma la défaillance extrême du ventricule gauche liée à une fuite de la valve mitrale. C'était grave, très grave : le cœur gauche avait grossi, déformé le thorax, épuisant le jeune garçon.

Au cours de ma visite, je vis dans un coin ce petit corps replié sur lui-même.

– Mitrale au stade terminal, me dit-on, il est arrivé il y a quelques heures… On ne peut rien faire.

Et le médecin cambodgien ajouta à voix basse en se penchant vers moi :

– C'est son karma.

Ici, le karma représente pour tous le poids du passé, mais aussi celui de l'avenir. Un peu décontenancé, je m'approchai du lit, examinai l'enfant qui était en détresse respiratoire aiguë. Avec les données de l'écho, je dis au jeune médecin :

– Grosse fuite… Mais c'est réparable, perdu pour perdu…

Le médecin me regarda, un peu gêné, avec ce fameux sourire khmer très énigmatique. Pour le convaincre, j'ajoutai avec une pointe d'humour :

– Son karma à lui, c'est peut-être de mourir ici

en réa, mais le mien, c'est de l'opérer pour lui donner une petite chance. C'est ça, la médecine…

Au bloc, le jeune garçon ne put pas être allongé, sous peine de s'asphyxier. On l'endormit assis, bloqué par des cartons posés dans son dos. Un instant plus tard, Sokhem, placé sous respiration artificielle, put être étendu et son thorax ouvert. La réparation de la valve fut rapidement exécutée et, heureusement, elle se révéla parfaite.

Mais j'avais peur : le cœur de l'enfant allait-il repartir au premier choc électrique ? Le cœur se remit à battre, lentement tout d'abord, puis plus rapidement grâce aux médicaments. La valve réparée se fermait et s'ouvrait désormais avec vigueur, rétablissant la bonne circulation du sang.

Nous avons pu coucher Sokhem en réanimation, et passé le reste de la nuit à son chevet. Au petit matin, nous étions confiants. Au sortir de l'hôpital, de curieuses pensées m'envahirent… Le karma de Sokhem avait-il changé ? Était-ce la fin d'un karma négatif vers un autre karma ? Avions-nous interrompu un cycle mauvais comme dans une réincarnation ? Peu importe…

Une semaine plus tard, avant de repartir pour Paris, je suis passé en réa. Dans son lit, Sokhem avalait sa soupe. Il était très maigre, faible encore, et avec des perfusions à chaque bras, mais il respirait calmement… Avec une extrême difficulté, il esquissa à mon intention une ébauche de salut khmer, les mains jointes, le regard intense. Les larmes me montèrent aux yeux, je lui rendis son salut.

À mon retour, un an après, je revis l'enfant. Il était en pleine forme et, grâce à nos parrains, il allait à l'école où il se révélait être un brillant élève.

De quoi souffrait Sokhem ? Comme si la pauvreté ne se suffisait pas à elle-même, elle charrie ses propres maladies, telle une malédiction jetée depuis des siècles sur les pays de misère à travers tous les continents. Ainsi du rhumatisme articulaire aigu, le redouté RAA. Pour une raison inconnue, ce RAA a une prédilection pour les valves du cœur. Pourquoi les « cicatrices » de la maladie se déposent-elles là ? Mystère. La médecine connaît l'art de cacher son ignorance en se réfugiant derrière les mots… « Rhumatisme articulaire aigu », ça sonne comme une description scientifique, sauf que la maladie n'est pas un rhumatisme, et ce n'est ni articulaire ni aigu !

Sans pouvoir vraiment l'expliquer, on sait que le RAA est provoqué par la réaction disproportionnée des défenses de l'organisme après une attaque d'angine : les sécrétions d'anticorps sont trop puissantes et donc toxiques. Mon ami Diarra, cardiologue malien, utilise volontiers cette image : « C'est comme un chasseur qui chasserait un lapin avec un canon au lieu d'un fusil. Il tuerait le lapin, mais ferait d'énormes dégâts collatéraux. »

Les dégâts du RAA sur les valves du cœur sont connus depuis des siècles. Lors des autopsies des défaillants cardiaques, des détériorations monstrueuses sur ces valves ont été constatées très tôt. Celles-ci étaient rigidifiées par le calcaire, bloquées, rétractées, incapables de s'ouvrir ou au contraire impuissantes à se fermer. Ainsi, le professeur Morgagni, médecin de Padoue au XVIII^e siècle, notait en découpant le cœur d'un mort vraisemblablement atteint de ce qu'on appellera plus tard le rhumatisme articulaire aigu : « L'une des valves a constitué un obstacle assez résistant pour ralentir la circulation. »

Il fallut attendre la fin du XIX^e siècle pour y voir un peu plus clair, avec le docteur Jean-Baptiste Bouillaud, qui faisait l'admiration de son ami Honoré de Balzac. Bouillaud passa en effet à la postérité après avoir consacré sa vie à élucider l'énigme des maladies des valves du cœur. Il appliquait une véritable méthode d'investigation policière, ne négligeant aucune voie, aucun détail, suivant chaque piste. Il soumettait ses malades à des interrogatoires serrés et accumula ainsi une foule de renseignements hétéroclites qui allaient servir à faire le lien entre un « rhumatisme » et un souffle au cœur. Il trouva de façon récurrente l'évocation d'une angine ancienne accompagnée de douleurs dans les articulations. Les faits se recoupaient. Il remonta encore plus loin et s'aperçut que le souffle au cœur apparaissait peu après l'arrivée de cette angine particulière. Après l'épisode infectieux et articulaire, cette maladie sournoise laissait derrière elle une « cicatrice cardiaque ». Bouillaud commençait à comprendre le processus ; mais sans moyen d'investigation bactériologique, il ne put avancer davantage. C'est lui qui nomma cette maladie « rhumatisme articulaire aigu ». En 1840, dans son traité de recherche, il écrivait : « Le rhumatisme articulaire aigu entre par la gorge, lèche les articulations et mord les valves du cœur. »

Ce n'est qu'au XX$^{e}$ siècle, grâce au microscope, que la maladie fut analysée. Le grand coupable fut désigné : le streptocoque bêta-hémolytique, bactérie très virulente, qui provoque l'angine de départ. Dans les années 1950, la généralisation des antibiotiques et les suivis médicaux attentifs dans les pays occidentaux éteignirent l'incendie : le germe de l'angine ne résista pas à la pénicilline et aux progrès de l'hygiène. Le mal a si bien disparu de nos pays qu'il n'est plus enseigné à nos étudiants en médecine !

Seulement voilà, dans les pays pauvres, et notamment dans les régions reculées, la promiscuité, l'ignorance, l'indifférence et surtout le manque de moyens triomphent encore. Comment soigner des angines là-bas ? Les antibiotiques sont trop chers et les médecins trop rares. Donc le mal progresse. Après une ou plusieurs angines, le cœur est atteint, sans récupération possible, et un cercle vicieux s'installe : l'affection d'une ou de plusieurs valves dégrade le fonctionnement de cet organe jusqu'au prochain épisode infectieux qui aggrave encore les atteintes des valves et accentue l'insuffisance cardiaque. Sans traitement adapté, la pompe cardiaque finit par lâcher, et ces enfants condamnés vivent de dernières heures longues et douloureuses, ils suffoquent dans une lente agonie, privés petit à petit d'oxygène…

La solution peut être le soulagement par un traitement médical à vie, mais le plus souvent la chirurgie apparaît comme un véritable dénouement salvateur. En effet, puisque la lésion pose un problème mécanique, la chirurgie répond à la question par la réparation mécanique des valves.

Fléau déclaré par l'Organisation mondiale de la santé, cette maladie touche, estime-t-on, quinze à dix-sept millions de personnes en Asie et surtout en Afrique, elle est responsable d'environ trois cent mille morts par an, dont de nombreux enfants. Le RAA est mal connu du grand public, ignoré des grands bailleurs de fonds et boudé des médias. C'est un fléau laissé en liberté dans les pays déshérités, qui continue d'attaquer la machine cardiaque.

Alors se pose la question : peut-on prévenir le rhumatisme articulaire aigu ? Il s'agit d'une maladie infectieuse contre laquelle il n'y a malheureusement pas de vaccin. Toute la stratégie se résume alors en un seul mot d'ordre : guerre aux streptocoques, avec pour règle absolue de toujours traiter l'angine, quel que soit le stade de la maladie. La seule pratique pour prévenir une aggravation chez les enfants déjà victimes d'angines et d'atteintes cardiaques se trouve dans les pénicillines-retard, des antibiotiques dispensés par des injections douloureuses, et qui n'assurent une protection que pendant trente jours. Ainsi, le geste doit être répété chaque mois pendant cinq ans… Programme difficile à mettre en place et qui représente un vrai casse-tête organisationnel.

Récemment, les médecins ont adopté une autre stratégie : jugeant que la lutte contre les angines était trop aléatoire, ils ont choisi de dépister par échographie cardiaque chez l'enfant les débuts d'atteinte afin d'intervenir rapidement. Dans certains pays, au Cambodge notamment, on voit des campagnes menées par des infirmiers qui passent à l'écho tous les enfants d'un village pour détecter les victimes cachées du RAA… Un travail de fourmi, mais une des rares armes que nous possédions.

Pourtant, grand espoir, il semble bien que le germe de la maladie disparaisse face au développement économique et social : le tueur ne résiste pas à des antibiotiques plus accessibles, à la disparition de la promiscuité et à une meilleure hygiène. C'est donc en aidant les pays émergents à mieux émerger que l'on écrasera définitivement le rhumatisme articulaire aigu.

De façon très personnelle, je hais le RAA à cause de son caractère injuste, certes, mais aussi parce que, de manière arbitraire et incompréhensible, cette maladie s'attaque dans la majorité des cas à ma petite préférée, ma douce faiblesse dans tous les rouages de la machine cardiaque : la valve mitrale ! Seuls les marins peuvent comprendre la magique perfection de ces deux voiles, retenues par des centaines de cordages plus fins que des cheveux de fée, tous différents selon leur emplacement et selon les personnes. Le cœur, vaisseau amiral, est somme toute une énorme pompe qui a besoin de soupapes. La valve de la partie gauche du cœur, située entre le ventricule et l'oreillette, que les Anciens ont nommée « mitrale » à cause de sa ressemblance avec la mitre des évêques, est une des soupapes vitales de cette formidable machine dans sa conception et son fonctionnement. Composée de deux grandes voiles, telles celles qui dirigent les bateaux, la mitrale fait jouer les cordages qui s'ouvrent et se ferment cent mille fois par jour sans aucun frottement, pour laisser passer plus de huit mille litres de sang. Toute la circulation passe par là, envoyée en haut ou en bas par le mouvement des cordages, tout comme le capitaine dirige ses voiles pour y faire passer le vent. Mais ce fonctionnement parfait, fruit de la rencontre entre la science et Dieu, ne supporte aucune anomalie. Comme tout mécanicien le sait, quand une soupape grille…

c'est toute la pompe qui finit inévitablement par sauter si la fuite n'est pas réparée à temps. Cette fuite est appelée « insuffisance mitrale » dans le jargon médical. Mais dans d'autres cas, qui touchent principalement les adolescents, la maladie rigidifie la valve mitrale, qui se rétrécit ; elle ne s'ouvre ni ne se ferme plus, provoquant un obstacle inévitable au flux sanguin : c'est le « rétrécissement mitral ».

Pendant longtemps, les chirurgiens, résignés, remplacèrent la valve par une prothèse artificielle, imposant de lourds traitements anticoagulants. Jeune interne, j'ai vécu auprès du professeur Carpentier la formidable révolution que provoqua son concept de la « réparation » de la valve, véritable travail d'orfèvre qui permet de conserver la valve malade en la réparant à l'aide d'un anneau artificiel. Cette démarche, reconnue dans le monde entier sous le nom de *French correction*, permet de sauver des milliers d'enfants et surtout de leur éviter les anticoagulants tout en menant une vie normale sans traitement.

*
* *

Quoi qu'il en soit, c'est lors de mes premières armes au Cambodge et ailleurs, en Afrique, que j'ai compris que mon combat humanitaire n'était pas de transformer l'humanité ou de lutter contre les grands fléaux qui ravagent la planète, comme le VIH ou le paludisme.

Forts de notre savoir-faire chirurgical, nous avions désormais un objectif très clair : sauver un enfant identifié, porteur d'un visage et d'un nom. Puis un autre. Puis encore un autre. Pas à pas... Et au bout du compte, ce seraient des milliers d'enfants cardiaques que nous allions sauver de l'injustice grâce à un système concret et efficace : La Chaîne de l'Espoir.

Mais les autres ? Ceux que nous n'avons même pas pu ausculter ? L'injustice est une problématique qui s'est souvent dressée sur mon chemin. Qui soigner ? Pourquoi lui et pas un autre ? Au Cambodge ou à Brazzaville, devant ces foules d'enfants tristes, je savais que je ne pourrais pas traiter tout le monde. Je savais que je n'y arriverais pas, mais je le tentais quand même. Les hommes de pensée, les hommes de spleen et les pessimistes disaient qu'il valait mieux ne rien faire : en intervenant, on devient inévitablement injuste puisque l'on ne peut pas traiter tous les cas. Mais les chirurgiens ne sont pas férus de philosophie ! Au contraire, les optimistes, les hommes de foi, les hommes un peu fous en somme, disaient qu'il valait mieux « un peu » que « pas du tout »... C'est cette dernière philosophie à laquelle j'ai décidé d'adhérer en me lançant dans l'humanitaire. Ne pas renoncer, apaiser ne serait-ce qu'un instant la souffrance du monde, à travers un enfant. Pour commencer... J'ignorais alors que, par la suite, nous mettrions en place des systèmes plus performants.

# – 4 –

## FRÈRE DU PEUPLE…

Une grande tente blanche. Des jeunes femmes vêtues de rouge. Au sol, une moquette rouge écarlate. Sur les tables, des nappes blanches et des bouquets de fleurs rouges. Au fond, une affiche proclame, en grandes lettres rouges : « Coopération France-Vietnam ». Du rouge partout. Ici, on adore le rouge, le rouge vif, violent, un peu agressif. Et sur tout cela plane le regard de bronze de l'oncle Hô : le buste d'Hô Chi Minh, le héros fondateur du Vietnam communiste, nous observe.

Comme à l'accoutumée, les Vietnamiens n'ont pas fait les choses à moitié et ont monté la nuit dernière cette immense tente sur le parking de l'hôpital. Bientôt, à 9 heures du matin, à la seconde près selon l'horaire fixé, débutera la cérémonie officielle destinée à nous honorer, Alain Carpentier et moi. Il faut être à l'heure. Avant l'heure, c'est gênant ; après l'heure, c'est une impolitesse majeure.

Nous sommes le 22 août 2016, année du singe, à l'Institut du cœur d'Hô Chi Minh-Ville – ex-Saigon – que nous avons fondé en 1992, autre année du singe… En vingt-quatre ans, d'un singe à l'autre, plus de trente mille enfants ont été opérés à cœur ouvert et sauvés dans cet hôpital de cardiopédiatrie devenu lieu d'excellence et de référence reconnu dans le monde entier.

Silence et recueillement, la cérémonie va commencer. La cérémonie ! Au Vietnam, le cérémonial est intégré dans la vie de chacun… On fête par une cérémonie convenue la naissance d'un enfant, ses premiers pas, ses premiers mots. Pour les défunts, l'inévitable cérémonial s'enchaîne du jour du décès au troisième jour, puis le septième jour, le quarante-neuvième, le centième et enfin la première année. Sans compter le culte cérémoniel rendu aux ancêtres, quasi sacré, et les nombreuses solennités officielles, laïques, politiques, publiques, toujours obligatoires et répétitives.

Aujourd'hui, c'est notre tour. Celui d'Alain Carpentier et le mien. En remerciement et hommage, pour la création de cet hôpital où nous nous trouvons, nous sommes officiellement déclarés « Frères du peuple », le titre honorifique le plus élevé du pays. Frère du peuple… ces trois mots nous font un peu sourire, nous les Occidentaux, trois mots qui revêtent sans doute une connotation communiste un peu vieillotte. Au fond, j'aurais préféré être déclaré « Ami du Vietnam pour toujours » ou pourquoi pas « Éternel amoureux du pays »…

J'ai toujours été fasciné par l'Asie et particulièrement

par le Vietnam, peut-être parce que je suis né une année du dragon… Plus sérieusement, je fais partie d'une génération pour qui le Vietnam a été en permanence à la une de l'actualité. Quand j'étais enfant, on parlait dans ma famille de l'oncle André parti en Indochine pour cultiver l'hévéa, l'arbre dont on extrait le latex. Mon adolescence a été marquée par la guerre d'Indochine et la défaite de Diên Biên Phu qui, en 1954, sonnait le glas de la présence française dans cette partie de l'Asie. Puis le Vietnam communiste au nord, soutenu notamment par la Chine, s'opposa au Vietnam du Sud, appuyé par les États-Unis. Dès 1965, l'intervention massive des Américains intensifia la guerre entre les deux Vietnams. « Le petit pays courageux », disaient certains pour parler du Vietnam du Nord, et ils parlaient encore de « l'ogre yankee », du napalm, du communisme, de l'impérialisme… Tout cela provoquait de grandes manifestations contre la politique de Washington et cet engagement échevelé s'est achevé en 1975 à la chute de Saigon. Mais moi, dans le secret de mon imaginaire, je rêvais toujours de l'Annam, de la Cochinchine, de la baie d'Along, et je fantasmais sur les belles Tonkinoises…

Le Vietnam, le vrai, je l'ai rencontré d'abord indirectement. C'était en 1979, avec Éric Cheysson nous portions secours aux boat people, ces malheureux qui, pour fuir le régime communiste, s'entassaient dans des embarcations de fortune, errant sur la mer dans des périples au bout de l'horreur… Des bateaux surchargés sombraient, d'autres étaient la proie de pirates violeurs et assassins. Environ un million de Vietnamiens cherchèrent ainsi à échapper à la collectivisation forcée et aux camps de rééducation. Près de quatre cent cinquante mille d'entre eux ont trouvé la mort dans ces odyssées de la dernière chance.

Bernard Kouchner lança alors l'opération « Un bateau pour le Vietnam ». L'*Île de lumière*, notre navire-hôpital, alla croiser en mer de Chine pour secourir et sauver. J'ai suivi Bernard en mer de Chine. À bord de ce bateau, qui portait si bien son nom, prenait corps le grand projet kouchnérien : le droit d'ingérence, voire le devoir d'ingérence. Au nom de l'humanité. Ce fut un cap dans mon existence, un tournant décisif. Sur l'*Île de lumière* s'est forgée ma conviction : pour aider, je dois faire ce que je sais faire, ce que je peux faire.

En pleine mer de Chine, je rencontrais ces Vietnamiens, hommes, femmes et surtout enfants isolés qui, dans un acte quasi suicidaire, partaient en quête de liberté. Pendant cinq ans, en les côtoyant à bord des bateaux de secours ou au sein des camps de réfugiés, j'ai admiré leur dignité dans le malheur, leur insatiable soif de vivre et leur discipline à toute épreuve. Auprès de ces réfugiés qui avaient tout perdu, j'ai découvert une civilisation millénaire. Dans les années 1980, à cause de notre engagement humanitaire, nous, les *French doctors*, étions fichés « agents de la CIA » par les autorités vietnamiennes qui avaient refusé toute proposition d'aide médicale de notre part. Seuls les médecins français encartés au parti communiste avaient le droit d'entrer sur le territoire !

*

* *

La cérémonie va bientôt commencer. Je m'écarte du groupe, je m'assieds sur un banc de pierre pour fumer une cigarette. Songeur, je plonge encore dans mes souvenirs…

Notre grande aventure de l'hôpital d'Hô Chi Minh-Ville a débuté en janvier 1988. En fin d'après-midi, un visiteur arriva au siège de Médecins du Monde, association dont j'étais alors président. Pile à l'heure ! C'était un haut personnage de la médecine vietnamienne, il avait pris rendez-vous par de multiples intermédiaires assez mystérieux. J'ouvris ma porte et cet homme à la soixantaine grisonnante entra, digne et solennel, comme s'il s'agissait d'un rendez-vous d'une extrême importance, ce qui était d'ailleurs le cas, mais je l'ignorais encore… Son vieux costume gris était trop large, recouvrant mal le tricot bleu pâle qu'il portait sous sa veste. Il était un peu fébrile et se présenta dans un français excellent :

– Je suis le docteur Trung.

Et il me tendit une carte de visite sur laquelle je pus lire : « Directeur de la Santé d'Hô Chi Minh-Ville ».

Il me raconta qu'il avait été chirurgien thoracique à l'hôpital Foch à Paris pendant dix-sept ans avant de rentrer au Vietnam pour aider à la « libération », traduisez la guerre qui devait mettre à la porte les Américains. Mais le temps avait passé et, désormais, il était déterminé à nous tendre la main, pour aider son pays qui venait d'ouvrir ses frontières après dix ans de fermeture totale…

Immédiatement, je sentis que le destin frappait à ma porte. En quelques minutes, je fus fasciné par cet homme qui deviendrait plus tard un de mes maîtres à agir… et à penser. Sur le moment, j'avais seulement devant moi un cadre communiste de grande envergure qui me rappelait ces personnages historiques qu'avaient été le général Giap, héros de Diên Biên Phu, ou le ministre Lê Duc Tho, prix Nobel de la paix avec l'Américain Henry Kissinger pour les accords de paix de Paris, qui, en 1973, avaient mis un terme aux hostilités entre les États-Unis et le Vietnam du Nord…

Tous ces cadres vietnamiens étaient parfaitement francophones, ayant fait leurs études au lycée français d'Hanoi ou de Saigon, et le docteur Trung put m'exprimer clairement le but de sa visite : il venait me réclamer l'aide des médecins français pour faire évoluer les soins au Vietnam.

Je lui fis part de nos actions auprès des boat people et de notre inscription dans son pays sur une liste rouge qui nous interdisait d'y entrer. Il me sourit et me confia à voix basse :

– Votre action auprès des boat people était un geste pour l'humanité.

Cela signifiait-il la fin des listes rouges ? Mon interlocuteur ne me laissa pas le temps de poser la question et ajouta :

– Je viens vous voir pour lancer la chirurgie cardiaque au Vietnam.

Pour moi, c'était un choc. Ce dirigeant me proposait d'exercer mon métier dans un pays qui me fascinait ! Il finit par me demander si je connaissais le professeur Carpentier. Je lui répondis :

– Je le vois tous les jours depuis vingt ans.

Vingt-quatre heures plus tard, j'assistais à un face-à-face mémorable à l'hôpital Broussais : Carpentier, aux magnifiques yeux perçants, confronté à Trung le charmeur, avec son air de félin en chasse. Au début de l'entretien, le Français parla de la « chute de Saigon », que le Vietnamien corrigea en « libération de Saigon »… Tous deux se mirent d'accord finalement sur des termes plus consensuels : « événements de Saigon ».

Le projet d'hôpital fut vite cerné et Alain Carpentier évoqua même un défi majeur, traçant déjà les grandes lignes du fonctionnement futur.

– Nous prendrons en charge l'équipement et la formation, mais c'est à vous de construire.

Tout était résumé. À la fin de l'entretien, Trung, soulagé, me murmura en souriant :

– Nous sommes les trois mousquetaires.

*
* *

Le 22 août 2016, à 9 heures tapantes, le président de la République du Vietnam, Truong Tan Sang, arrive. Tout le monde se lève. Il nous salue comme de vieux amis. Il est là depuis le début de l'aventure et a grandement facilité la construction de l'hôpital en utilisant une partie de l'armée pour respecter les délais. Les haut-parleurs nous inondent d'un chant patriotique, le son est assourdissant. Un maître de cérémonie en costume-cravate nous annonce avec un accent saccadé du Nord Vietnam le déroulement de la cérémonie avec un minutage quasi militaire. Derrière nous flottent côte à côte les drapeaux français et vietnamien, fait unique dans le Vietnam d'aujourd'hui.

Vingt-huit ans plus tôt, c'était autre chose. Quand je débarquai à Hô Chi Minh-ville en 1988, le pays était encore sous une chape de plomb politique. Impossible pour les Vietnamiens de parler avec un étranger, déplacements sous contrôle, surveillance permanente de mes faits et gestes… Par ailleurs, sur le plan médical, le tableau était désespérant : la médecine était en panne, tout n'était que bricolage, les hôpitaux étaient laissés à l'abandon, l'anesthésie était encore pratiquée à l'éther, une technique abandonnée depuis des lustres partout ailleurs !

Alain Carpentier et moi avons pris le temps de visiter un monument d'histoire de la présence française : l'hôpital Grall, hôpital pédiatrique construit par Gustave Eiffel. Cet assemblage de poutres et de pièces métalliques restait magnifique, mais submergé par un monde fou, plusieurs enfants en quinconce dans chaque lit, des détritus et du vomi par terre. Dans une salle commune, un petit attroupement attira notre attention. Nous nous sommes approchés, j'ai aperçu un enfant d'une douzaine d'années.

– Cette petite fille… c'est fini, me dit le médecin avec toujours ce débit de paroles caractéristique.

Je regardai la petite, toute pâle dans son pyjama rose. Un ange auréolé de longs cheveux noirs sur des draps sales et tachés.

– Diagnostic ?

– Canal artériel.

Deux mots terribles : ici, au Vietnam, cette fillette était condamnée, mais ailleurs, avec une infrastructure et un plateau technique, une intervention chirurgicale aurait pu la sauver… Je ressentais une émotion nouvelle et forte. Je compris que nous devenions des ambassadeurs de la médecine française, ce qui était d'ailleurs la volonté de Trung. Notre démarche n'était plus seulement humanitaire, elle dépassait cette notion, ou plus exactement – je ne le saurais que plus tard – elle anticipait l'humanitaire à venir, celui qui mettrait la connaissance à disposition de tous les peuples.

Quelques mois après ce désolant état des lieux, en 1989, les trois mousquetaires étaient réunis à la terrasse de l'hôtel Majestic, lieu incontournable du temps de l'empire colonial. Au loin, on entendait les bruits de la circulation et le mouvement incessant des sampans sur le fleuve. Alain Carpentier donnait ses directives.

– Pas de bricolage… On ne peut pas faire du neuf avec du vieux… Il faut construire pour l'avenir… Il faut rêver sa vie.

Les dés étaient jetés.

Dès lors, et pendant plusieurs années, ma vie à moi fut ponctuée de fréquents déplacements au Vietnam. Pour les travaux, tout m'était à apprendre. Je découvrais un nouveau métier, celui de bâtisseur. Celui qu'avaient déjà exercé nos aïeux, les médecins militaires d'Indochine qui, non contents de lutter contre les épidémies, avaient créé l'hôpital Yersin à Hanoi, l'hôpital Grall à Saigon, l'hôpital Mahosot à Vientiane, l'hôpital Calmette à Phnom Penh… Mais il y avait dans notre démarche une différence notable. Dans les années 1900, les médecins militaires français œuvraient pour la France, puisque l'Indochine était un protectorat français. Certes, ils ont considérablement amélioré la santé des populations locales, mais sous l'égide de la métropole. Nous, nous construisions pour le Vietnam.

En attendant l'ouverture du centre, mon temps était aussi consacré en partie aux nombreux enfants évacués en France pour être opérés, et je formais les futurs chirurgiens vietnamiens.

Trung, de son côté, m'apprenait à comprendre son pays à coups d'interdits, de politesse glacée, de vérités cachées et d'adages ancestraux.

– Au Vietnam, il ne faut pas jouer aux dames alors que vos interlocuteurs jouent aux échecs.

Trung était un rêveur pragmatique.

Plus les années passaient, et plus je me sentais bien dans ce pays. À chaque séjour, j'y vivais un enchantement enfantin, un émerveillement de tous les instants. J'aimais l'incroyable fouillis de la circulation, où tout ce qui roulait et marchait cohabitait aimablement. J'aimais la rigueur de ce peuple indompté, j'aimais aussi bien les débrouilles et les combines qui finissaient toujours par trouver une solution. Et rien n'a changé, j'aime toujours infiniment ce pays et ce peuple.

En côtoyant là-bas le monde de l'hôpital, je me suis adapté à une sorte d'indiscipline policée et à une gentillesse moqueuse. Il règne au Vietnam une étrange douceur de vivre : la violence existe, mais elle reste cachée. On cultive le non-dit, la vérité fausse, le mensonge poli. Au Vietnam, comme ailleurs en Asie, le « non » n'existe pas car la négation est grossière. On n'en pense pas moins et on finit par l'exprimer, mais en arrondissant les angles, ce qui est beaucoup moins stressant. Mon angoisse profonde se dissipe dans cette obligation de politesse exquise dont il faut cependant mesurer les pièges qu'elle dissimule. Un peu comme pour les femmes. Elles sont en apparence douces, dociles, discrètes comme un frisson d'eau sur la mousse… mais il faut se méfier de l'eau qui dort ! Dans ce pays, l'eau est souvent recouverte de lentilles et de lotus… Qui croit pouvoir marcher dessus risque la noyade.

*
* *

À 9 h 10, le jeune représentant du Comité populaire, costume impeccable et cravate rouge, commence son discours sur un ton très convenu. Il nous couvre d'éloges, il parle de moi et de mes cheveux blancs, qui le frappent beaucoup, manifestement…

En l'écoutant, je me dis qu'une nouvelle génération est là. Le Vietnam est devenu un dragon d'Asie, les Vietnamiens se sont ouverts au monde, ils vont vite. Pour cette génération, Diên Biên Phu n'est plus qu'une avenue de la grande ville. Cette agglomération bouillonnante va de l'avant, et nous avons du mal à suivre.

À l'image du Vietnam d'aujourd'hui où les multinationales prospèrent et où poussent d'immenses buildings, l'Asie moderne s'éloigne de l'Europe pour se rapprocher de la Thaïlande, de la Corée, des Philippines, de la Chine… Les voici lancés dans une quête effrénée d'affaires et d'argent. Comme en Chine, on garde au Vietnam un parti unique, mais on favorise le capitalisme sauvage, presque de l'affairisme. Je suis sidéré par le discours du représentant du Comité populaire, je n'ai plus grand-chose à voir avec cette génération, je n'appartiens pas à ce nouveau monde qui n'a rien en commun avec Trung et ses idéaux. La « médecine business » devient un marché rentable, les cliniques privées pullulent, accentuant le fossé entre pauvres et riches.

9 h 25, discours de Huan, le nouveau directeur de l'hôpital, un cardiologue formé à Paris. Il est visiblement très ému, mais son discours est monocorde, il lit son papier sans aucune emphase, sans variation de ton ni effet de manches…

Au milieu de l'allocution, un petit brouhaha vient troubler la cérémonie, c'est le consul de France qui arrive en retard ! C'est curieux comme dans ce projet d'hôpital pour le Vietnam, la France, la France officielle, a toujours été en retard. À l'exception de l'aide à la formation, la France n'a que peu soutenu ce projet. Dès 1988, j'ai vu que mon pays ratait un train, celui du Vietnam. À l'époque, on achetait sur le marché des petits lions métalliques Peugeot pour les fixer sur les vélos chinois. À l'époque, les médicaments français étaient les meilleurs, tout comme Air France et la médecine française… La France avait une carte à jouer, elle y a renoncé.

Le consul s'assied à l'endroit qu'on lui désigne, il n'est pas très bien placé, en bout de rang… Quand on connaît le souci du détail des Vietnamiens dans la mise en scène et la hiérarchie, on comprend que le quasi-strapontin offert au consul n'est pas un hasard.

Le directeur a fait un bref historique de notre Institut du cœur : premier cœur ouvert le 3 janvier 1992… Huan n'était pas là, évidemment, il est bien trop jeune… Il ne peut pas décrire non plus la véritable aventure qu'a été la formation de la première équipe chirurgicale…

*
* *

Le programme de formation a d'emblée été difficile à cause du manque de médecins vietnamiens de qualité : certains avaient fui le pays, d'autres avaient été envoyés en camp de rééducation. J'assénai à Trung mes exigences radicales.

– Pas de cadre du parti, pas de protégé du régime, pas de vieux, que des jeunes… Il faut plus de sept ans pour former un chirurgien cardiaque…

Avec son éternelle façon d'esquiver, Trung me répondit :

– Eh bien, c'est vous qui allez établir la liste des candidats. Et si vous vous trompez, ça sera votre responsabilité.

Ce qui fut fait !

Après les épreuves théoriques, nous avions dix candidats chirurgiens, il nous fallait en sélectionner deux.

Comment ? Je songeai à une épreuve pratique, Trung me suggéra des opérations sur des chiens. Ici, au Vietnam, une telle idée ne pose aucun problème : les chiens errants sont nombreux et mal aimés.

Alors, à Hô Chi Minh-Ville, dans le sous-sol du grand hôpital Tu Du, nous avons procédé à une démonstration d'un geste à cœur ouvert sur un chien, que les candidats devaient reproduire le plus fidèlement possible. Il régnait une forte tension et chacun s'exécuta. Le jury franco-vietnamien classa les candidats. Une jeune femme arriva en tête de façon indiscutable. Un peu gêné, je demandai maladroitement à Trung si cela posait un problème.

– Lequel ? me répondit-il dans un grand sourire.

Phuong, la lauréate, était mère d'un petit garçon de quatre ans qu'elle devrait quitter pendant deux ans en le laissant à sa famille pour venir commencer sa formation à Paris. Elle allait devenir l'un des meilleurs chirurgiens que je connaisse, et elle a été le porte-drapeau de l'hôpital pendant plusieurs années.

*

* *

À 9 h 40 je prends la parole. La traductrice est à mon côté, mais de toute façon, mon discours a déjà été donné au Comité populaire. Tradition oblige, tout est contrôlé. Comme toujours, mes paroles doivent être convenues… « Grâce à l'union de deux peuples »,

« Grâce aux équipes vietnamiennes », « Main dans la main »...

Mais j'ai appris qu'au Vietnam, il faut à un instant rompre le discours officiel pour essayer de placer une ou deux anecdotes personnelles, et si possible humoristiques. Je baisse alors le ton...

– Je dois vous faire une confession, je suis atteint d'une grave maladie de cœur.

L'assistance est interloquée.

– Oui, j'ai une maladie très rare... J'ai un cœur anormalement fait de deux parties, un ventricule français et un ventricule vietnamien, et les deux pulsent à merveille donc je ne compte pas guérir de cette anomalie. C'est pour la vie.

L'auditoire rit, soulagé. Je reprends mon discours, mais je ne m'éternise pas, ce serait inconvenant. Il me faudrait d'ailleurs des heures pour raconter notre grande aventure...

*

* *

En mars 1989, la jeune équipe des futurs chirurgiens vietnamiens débarqua à Paris, et s'entassa dans deux taxis pour gagner l'hôpital Broussais. Toutes leurs précieuses économies fondirent dans ce trajet... Bienvenue dans un nouveau monde !

Ébahis, ils découvrirent l'hôpital et sa technologie. Ils furent aussi frappés par « l'usage unique » des consommables. Pour eux, les gants, par exemple, étaient réutilisables… y compris avec des rustines.

Ils choisirent d'habiter très simplement, mais surtout en groupe : aucun d'eux ne voulait être seul, ils n'adhéraient qu'à la vie collégiale, compacte et disciplinée.

Avec eux, je redécouvrais notre société, car tout semblait constituer un choc des cultures. L'indemnité chômage, notamment, fut pour eux une véritable stupéfaction : être payé pendant que l'on ne travaille pas, quel pays formidable ! En décembre 1989, la grève générale en France les interloqua : pour eux, l'arrêt volontaire du travail était encore un concept inconcevable, sans parler des manifestations puisque chez eux tout regroupement de plus de dix personnes était interdit. Que dire de la chute du mur de Berlin, qui, selon eux, allait entraîner une nouvelle guerre mondiale ? À la vérité, la principale conséquence au Vietnam de la chute du mur fut une panne géante des téléphones. En effet, à l'époque, les Allemands de l'Est contrôlaient toutes leurs écoutes téléphoniques – communisme oblige –, et grâce à eux, le réseau fonctionnait bien. Le départ des ingénieurs allemands entraîna un blocage des circuits téléphoniques, empêchant les membres de l'équipe chirurgicale en France de joindre leurs familles.

Très vite, je devins leur référence et ils m'appelèrent « tonton », comme l'oncle Hô, un signe de grand respect et de reconnaissance. Alors, tonton les emmena au théâtre, mais ni Ionesco ni Molière ne les touchèrent, ils étaient beaucoup plus impressionnés par les Galeries Lafayette, le must selon eux. Ils n'achetaient rien, tout était bien trop cher, mais ils y allaient régulièrement. Pour voir. Par ailleurs, sur le plan culturel, seuls les bijoux d'or des momies égyptiennes du Louvre et la coupole d'or des Invalides semblaient les éblouir.

Enfin, dans leur mémoire restera gravée à jamais « l'épreuve du vélo ». Les ayant invités à passer quelques jours de vacances en Haute-Savoie, je leur proposai, puisqu'ils étaient habitués aux deux-roues, de monter au col de la Colombière. Un col hors catégorie pour le Tour de France. La chirurgie cardiaque n'est-elle pas aussi une montagne à gravir ? Munis de vélos de course, ils pédalèrent dur pour arriver au sommet. Un jeune et impulsif chirurgien, Vinh, retrouvé au milieu de la montée en pleine hypoglycémie, fut sauvé par une barre chocolatée. Un autre chirurgien, Phan, prit son temps et arriva un peu en retard car au cours de l'ascension, mourant de soif, il avait longtemps cherché de l'eau, avant d'en boire dans un abreuvoir pour les vaches ! Quant à Phuong, équilibrée et en parfaite maîtrise, elle arriva dans les temps, ce qui confirma notre classement de « l'épreuve des chiens ».

Pendant mon discours, bien sûr, je rappelle que notre hôpital est maintenant d'un niveau international et que les études scientifiques sur ses activités sont relayées dans les grands congrès à travers le monde.

Loin de moi l'idée de narrer à ce moment-là les péripéties de l'ouverture du centre en janvier 1992…

Pour la première opération à cœur ouvert, nous avions demandé aux cardiologues de nous sélectionner un cas simple. Pour être simple, l'anomalie dont souffrait l'enfant d'une dizaine d'années l'était, c'est le moins qu'on puisse dire, mais nous l'ignorions, n'ayant pas participé au choix du patient… Devant les caméras de télévision, devant tous les journalistes, j'aidai le professeur Carpentier. À peine avait-il ouvert le thorax qu'il comprit l'erreur de diagnostic, mais il était impossible d'en faire état : l'enfant n'avait, en fait, nul besoin d'une opération ! Imperturbable, Carpentier s'affaira de façon théâtrale, et fit comme si son geste était salvateur… L'enfant se portait très bien avant l'opération et heureusement aussi bien après.

Puis survint l'épisode du mensonge. Alain Carpentier étant rentré en France, j'étais aux commandes. Je me souviens encore de mon quatrième malade. Après l'intervention, il saignait énormément et malgré quatre nouvelles opérations, il saignait toujours.

En pleine nuit, j'allai en Mobylette acheter du sang au centre de transfusion, assez éloigné de notre hôpital. Le lendemain matin, miracle, le jeune malade était encore en vie malgré une anémie majeure. Dans le vestiaire, nous nous préparions à une nouvelle journée opératoire quand je dis à Phuong :

– Terrible, ce saignement.

Très gênée, elle se retourna vers moi.

– Il faut que je vous dise quand même...

Et elle se tut.

Je lui demandai s'il y avait un problème. Phan, l'autre chirurgien, prit la parole.

– Oui, il y a eu un problème.

La voix très basse il poursuivit :

– On ne vous l'a pas dit mais les cardiologues n'ont pas arrêté les anticoagulants. Ils ont oublié, mais ils ne voulaient pas vous le dire parce que c'est une faute.

Je lui ai coupé la parole.

– C'est très grave. On annule tout de suite l'opération du matin. Moi je rentre à Paris, on stoppe toutes les activités.

Je convoquai aussitôt l'équipe au complet, y compris les cardiologues...

– Je fais ma valise, ce soir je rentre à Paris. Le mensonge en médecine est impossible, et encore moins admissible entre médecins. La transparence totale est indispensable. Si nous devions continuer comme ça, nous irions vers des catastrophes...

Le soir même, ils vinrent me voir en groupe pour une séance d'autocritique. Très émus, ils me supplièrent de rester.

– Ne partez pas, on a compris.

Je suis resté.

En ce début 1992, je m'attendais au premier mort, drame quasi inévitable en raison de la gravité des atteintes cardiaques qui touchaient les enfants opérés. La tragédie survint après quatorze heures d'intervention, l'enfant de douze ans mourut au bloc. Je sentis une terrible sidération dans l'équipe, tout le personnel était pétrifié et la nouvelle se répandit dans tout l'hôpital…

Dans la nuit, la chambre de l'enfant (la numéro 13 !) fut fermée à double tour et les malades quittèrent les lieux avec précipitation, une véritable panique généralisée ! Désemparé, je demandai à Phuong ce qu'il fallait faire. Elle me répondit que le principal problème se situait au bloc opératoire…

– L'esprit du mort y circule encore.

Il fallait donc appeler les bonzes pour apaiser l'âme errante. En fin de matinée, toute l'équipe se réunit autour des moines bouddhistes pour un office à la fois touchant et troublant.

Quelques jours après le décès, nous opérions à nouveau un cas difficile, qui débouchait sur une réanimation délicate. Je me sentis obligé, comme je le faisais dans ma pratique à Paris, d'alerter la famille sur la gravité de la situation. En fin d'après-midi débarquèrent à l'hôpital une douzaine de personnes. J'expliquai de façon théâtrale la situation, l'infirmière traduisit mot pour mot, mais je pouvais lire l'incompréhension dans les yeux des parents, des oncles, des cousins… D'un coup, le père de l'enfant ouvrit son portefeuille, en tira trois billets de cent dollars, les fourra dans la poche de ma blouse autoritairement et me dit :

– Avec cela tout ira mieux !

Pour lui, le problème était une question d'argent ! En lui rendant ses billets verts, je pris conscience que j'étais entré dans un monde bien différent dont je maniais parfois mal les codes.

Par bonheur, l'enfant survécut !

Au fil de mes séjours durant les dix années qui suivirent, j'ai compris qu'au Vietnam il ne fallait pas être naïf. On commença à me rapporter d'étranges comportements, on me disait que pour progresser dans une liste d'attente, il fallait payer. J'ai surtout réalisé que les Vietnamiens ne comprenaient pas pourquoi je n'étais pas rémunéré, je crois même qu'ils me suspectaient de mentir sur ce sujet. Le concept d'acte bénévole leur était totalement étranger. Mais si j'étais encore naïf, eux ne l'étaient pas. Je découvris bientôt que lorsque je consultais, ils accrochaient à l'entrée du cabinet une énorme pancarte – « Pr Deloche » – dont j'étais assez fier, je dois dire. Hélas, j'appris par la suite que cette pancarte impliquait de payer – et pas moi, bien sûr ! – pour franchir le seuil de la consultation.

Le problème de l'argent demeura au centre de la vie de l'hôpital. Notre concept de départ était pourtant fondé sur l'instauration d'une certaine justice, la tactique de Robin des bois : profiter des riches, en particulier des étrangers venus se faire soigner sur place, pour sauver les pauvres. La Fondation Alain Carpentier mit en place un système d'accueil privilégié pour les étrangers. Quelques chambres de l'hôpital leur furent réservées, qu'il s'agisse d'Européens qui travaillaient sur place ou de touristes de tous les pays, qui tous, couverts par leur assurance, payaient le prix fort et rendaient possibles des soins gratuits aux enfants pauvres du Vietnam.

*
* *

À 9 h 55, fortement applaudi, je termine mon discours. Alain Carpentier monte sur l'estrade à son tour. Très droit, le visage un peu émacié respirant l'intelligence, il a le front de Voltaire. Son phrasé est saccadé, il l'a toujours été, surtout quand il est ému. Lui, c'est l'accent gaullien qui a traversé le temps. Il parle comme s'il était à la tribune des Nations unies, il évoque le devoir de la France, la nécessité du partage au nom de tout ce qui nous unit… Se rendent-ils compte, les membres du Comité dans leur costume Kenzo, qu'ils ont face à eux l'un des plus grands chirurgiens du monde ? Un homme qui a connu tous les honneurs, un savant nobélisable, le père du cœur artificiel français ? Se rendent-ils compte du décalage entre lui et nous ? Comment le leur dire ? C'est inexplicable.

Le discours de Carpentier achevé, le maître de cérémonie annonce le moment de la remise des médailles et invite le président vietnamien à nous rejoindre sur scène… Avec mes fleurs et mon ruban autour du cou, je m'imagine bientôt en vainqueur olympique. Mais contrairement à celle des jeux Olympiques, la médaille d'or n'est pas imposante, elle est même terriblement bas de gamme, à peine dorée et très légère. Étonnant dans un pays où l'or est une telle obsession.

Le président du Comité populaire nous remet ensuite un diplôme, un papier tape-à-l'œil, rouge et fleuri, avec mon nom écrit en grandes lettres… « Frère du peuple ». Bref, une médaille bon marché et un diplôme surchargé…

– L'important, c'est ça ! me confiera-t-on plus tard en me désignant le fameux document coloré.

Et j'apprendrai avec stupéfaction que ce papier me donne quasiment tous les droits ! Arrêté par la police sur une route du Vietnam ? Je montre mon diplôme et ils me laissent passer. Ma valise ouverte à la douane ? Je sors mon sésame et ils la referment. Mais ce n'est pas tout ! Ce papier magique m'autorise à être propriétaire, alors qu'il est interdit à un étranger d'acheter des biens au Vietnam. Et si je veux rester dans le pays pour y finir mes jours, je le peux : il suffit d'en faire la demande. J'entre dans un monde de privilèges auquel je pourrais assez facilement m'habituer…

Ai-je été tenté ? Pourquoi ne pas accepter ce sentiment délicieux d'évoluer dans un pays que j'aime et qui me témoigne sa reconnaissance ? L'espace d'un instant, j'ai rêvé à cette sérénité que cultive une immuable affabilité, à ces non-dits qui mettent à l'aise, à ces femmes qui ne s'occupent que de votre confort… Tu es bien ? Alors tout va bien…

Mais je suis brusquement sorti du rêve, car tout cela n'est qu'un leurre, bien sûr. Les tricheries peuvent se révéler périlleuses, il faut constamment décrypter les discours, les femmes sont soumises si on leur procure l'aisance nécessaire… Très vite, j'ai su que, mon diplôme et moi, nous allions rentrer à Paris.

*
* *

Tout le monde se lève et me salue avec respect avant de quitter les lieux. Place au déjeuner. Une Mercedes noire aux vitres teintées m'attend. Nous sommes à des années-lumière de la vieille Peugeot 203 d'antan. Hasard ou non, le déjeuner a lieu à l'hôtel Majestic, comme pour un pèlerinage vingt-huit ans plus tard. L'hôtel est méconnaissable. Nous arrivons dans un petit salon, réservé aux privilégiés, où tout est réglé à l'avance. Il fait dix-huit degrés, l'air conditionné est à fond. Insupportable. Une fois tout le monde installé, le président porte un toast à l'amitié entre les peuples et nous levons nos verres remplis de vin australien (fini, le vin français !). Puis nous passons à table… Les plats sont représentatifs des différentes régions du Vietnam. Nous commençons par la traditionnelle soupe phô, le plat national qui vient d'Hanoi. On la sert au petit déjeuner, au déjeuner, au dîner. C'est une merveille de diététique à base de pâtes de riz mélangées à de la viande de bœuf. Ce qui constitue la soupe est le bouillon de bœuf qui a mijoté pendant plus de vingt-quatre heures associé à du gingembre, de la cannelle et des clous de girofle, le tout accompagné… d'une sauce de poisson ! Le jus magique est versé bouillant sur les tranches de bœuf crues qui réagissent à la chaleur. Tout un art, et qui demande plus de deux jours de travail. Ensuite on passe au banh khuon, qui vient du Sud : des petites crêpes à base de farine de riz avec du lait de coco, du curcuma et des crevettes. On enchaîne avec les demoiselles du Mékong, de grosses crevettes très bien présentées, magnifiques, entourées de petits pêcheurs sculptés dans le durillon, le fruit national.

À 14 heures sonnantes, le président se lève, dernier toast, et tout le monde s'en va. C'est comme cela au Vietnam, quand c'est fini, c'est fini. Toute chaleur humaine disparaît d'un coup. Alain Carpentier et moi montons seuls jusqu'à la terrasse, notre lieu de souvenir. Le troisième mousquetaire, Trung, mort deux ans auparavant, nous manque plus que jamais.

# – 5 –

# PROFESSEUR BÉTON

Des modules allongés ou en hauteur, des modules à agencer selon les besoins. Celui-là serait un bloc opératoire, l'autre une salle de réanimation, le troisième une salle d'angiographe… Cet étrange jeu de construction est encore un rêve, mon rêve. Ce rêve est né d'un concept : celui d'Instituts du cœur que l'on pourrait bâtir partout. On m'appellerait du Laos, de la Guinée ou du Kazakhstan, et je répondrais : « Donnez-moi un terrain de football. » Sur cet espace réduit, j'agencerais mes modules selon un système parfaitement rodé et avec des protocoles précis et informatisés. Les missions médicales, la formation des futurs chirurgiens locaux, les instruments, les consommables, tout serait prévu selon les besoins, à la seringue près. Quant à la gestion, elle serait déjà programmée.

En visitant notre centre du cœur de Phnom Penh, au Cambodge, Toby Cosgrove, un des leaders de la chirurgie cardiaque américaine, m'a avoué que notre structure lui évoquait un McDonald's du cœur ! Car comme les célèbres établissements de restauration rapide, notre concept pourrait être reproduit et franchisé, avec quelques variantes, dans tous les pays. Toby ne manquait pas d'humour et il avait raison. Après avoir bâti quelques hôpitaux, et surtout à force d'étudier de nombreux projets et d'innombrables plans pour en faire bâtir d'autres, j'ai pu définir ce concept, un vaste dessein qui va de l'architecture au fonctionnement en passant par la formation. Bien sûr, pour faire entrer ce projet dans la réalité, j'aurais besoin de m'appuyer sur des grands groupes, un constructeur et un équipementier. Eux seuls pourraient garantir nos projets et donner à mon rêve la solidité obstinée de l'évidence.

*
* *

Je suis devenu bâtisseur… mais il a fallu du temps ! Dans les années 1990, lorsque je suis parti à la rencontre des enfants cardiaques du bout du monde, j'ai été saisi par l'ampleur terrible de la tâche et la faiblesse dramatique des moyens dans ces lieux. Impossible de seulement penser à opérer sur place. Alors, imaginer construire des hôpitaux était juste un délire inatteignable.

Il fallait commencer par le commencement, et le plus évident, c'était de faire venir en France des enfants malades afin de les opérer dans nos structures si bien équipées. Cette manière de faire semblait la plus simple : un enfant malade, un avion pour l'aller, un hôpital, un chirurgien, une opération, un avion pour le retour.

Mais nous nous sommes aperçus bien vite que cette démarche, a priori facile et de bon sens, représentait un véritable parcours d'obstacles. Le lourd protocole nécessaire à la venue d'un enfant malade est une sorte de chaîne dont les maillons s'imbriquent les uns dans les autres : si un maillon défaille, la chaîne se rompt…

Pour organiser les déplacements de nos jeunes patients, il a fallu d'abord établir des antennes dans les différents pays cibles de notre action. Des médecins formés aux bases de la cardiologie devaient choisir les enfants… Toutes les informations concernant chaque jeune patient devaient être collectées dans un dossier très complet : état de santé, antécédents, infections…

Nous ne pouvions faire venir en France que les enfants susceptibles d'être guéris ou largement soulagés, et avec des thérapeutiques postopératoires légères. Impossible de renvoyer dans une campagne du Cambodge ou dans une case du Mali un enfant obligé de se plier, pendant des années, à une surveillance médicale et à un régime médicamenteux complexe.

Il fallait ensuite des visas… Visa de sortie du pays, visa pour entrer en France. Sur ce dernier point, le problème s'est nettement compliqué : nous devions obtenir les accords conjoints des ministères de la Santé, de l'Intérieur et des Affaires étrangères ! Je découvris à cette occasion ce que craignait tant l'État, l'obstacle principal : la facture impayée ! En fait ce n'était pas la présence illégale de ces enfants sur le territoire qui les freinait, mais la crainte de la somme à débourser.

Nous avons donc rédigé une convention très complexe dans laquelle nous prenions la responsabilité de tout : coût du transfert et de l'opération, séjour, sécurité, faits et gestes des malades… Ce document a été contresigné par les différents ministères et est devenu notre laissez-passer magique pour les ambassades. Ce laissez-passer comporte en outre une règle absolue : aucun enfant ne peut être adopté, même s'il est orphelin. Nous ne devons pas faiblir, au risque de rompre nos conventions avec l'État. Chaque orphelin doit revenir dans son pays avant que ne soient entreprises les démarches d'adoption, le cas échéant. C'est arrivé une dizaine de fois.

Quant au voyage de l'enfant, c'est un vrai casse-tête. Un mineur non accompagné tombe sous les arcanes contraignants des compagnies aériennes. Dans le cas où l'enfant malade ferait un malaise grave pendant le vol, l'avion devrait se poser en urgence sur la piste du premier aéroport disponible. Une solution pérenne pour transporter nos petits malades dans les meilleures conditions a été trouvée grâce à l'association Aviation Sans Frontières, qui regroupe du personnel navigant de diverses compagnies aériennes. Ainsi, des hôtesses ont accepté, sur leur temps libre, d'accompagner nos jeunes patients. Pour beaucoup, ce sont les « mamans d'un voyage » qui apportent sécurité et réconfort pendant ces longues heures traumatisantes de vol vers la France. Cette générosité-là, c'est le maillon essentiel de notre Chaîne de l'Espoir.

En vingt-cinq ans d'activité, nous n'avons pas eu à déplorer un seul incident grave durant le voyage vers la France. Et puis, tout récemment, le drame tant redouté est survenu… En avril 2017, un petit Malgache de trois ans, Tiago, a été terrassé par son cœur malade. Il souffrait d'une malformation peu fréquente : une membrane sous-aortique, qui non seulement contrariait la circulation du sang mais, en plus, risquait à tout moment de provoquer une mort subite. Comme à l'ordinaire, tout avait été prévu et organisé : à Bordeaux, les chirurgiens et la famille d'accueil attendaient Tiago.

Alors que l'avion venu d'Antananarivo abordait le survol de l'Italie, le petit garçon a fait un arrêt cardiaque. Un médecin, le membre accompagnateur d'Aviation Sans Frontières et tout l'équipage ont fait ce qu'il fallait : un massage du cœur. Pendant cinquante minutes, ils se sont relayés pour masser le thorax de l'enfant, espérant jusqu'au dernier moment.

Devant l'urgence, le commandant de bord a pris la décision d'atterrir à l'aéroport le plus proche, celui de Brindisi. Mais il était trop tard. À l'hôpital de la ville, les médecins n'ont pu que constater le décès de Tiago. Cette tragédie nous a démontré à tous, s'il en était besoin, combien ces enfants malades du bout du monde sont fragiles.

*
* *

La base de notre système reste, et restera toujours, les familles d'accueil qui, en plus d'entourer l'enfant d'affection, doivent parvenir à s'intégrer elles-mêmes dans ce système financier aux mille petites économies. Ces familles rendent possibles les séjours à l'hôpital très brefs en prenant courageusement en charge l'après-opération… Surtout les femmes, il faut bien le dire. Ce sont elles qui s'engagent. Au fil des années, La Chaîne de l'Espoir s'est révélée être une affaire de femmes, depuis la prise en charge dans l'avion du départ jusqu'à l'arrivée dans la famille d'accueil.

Même après tant d'années de pratique, mener à bien chaque voyage tient du prodige. Aujourd'hui, La Chaîne de l'Espoir est un système parfaitement rodé qui fonctionne à l'image d'un mouvement d'horlogerie. Au point que nous sommes devenus une référence, nous sommes reconnus… et parfois un peu victimes de notre renommée. En effet, on nous appelle du monde entier et nous ne pouvons pas toujours répondre aux demandes qui nous sont faites.

Depuis plus de vingt ans, nous organisons deux ou trois transferts d'enfants chaque semaine, ce qui fait plus de trois mille malades soignés en deux décennies.

Quand ils arrivent en France, le choc culturel est le même pour tous ces enfants. Chacun d'entre eux passe par la même phase de stupéfaction et jette le même regard sur notre société. Il y a la crise d'angoisse au premier ascenseur, l'étonnement face au tapis roulant, au chien dans la voiture ou en laisse, aux bébés dans les poussettes, et dans les maisons, ils restent ébahis devant les matelas, les baignoires, les sèche-cheveux… Je me souviens de cette petite Tchadienne qui ne cessait d'aller dans les W-C pour appuyer sur le bouton de la chasse d'eau, ce qui l'amusait beaucoup… Dans son village, c'était elle qui allait chercher l'eau au puits. Et pour tous nos petits protégés, invariablement, les deux sommets de la gastronomie sont le chocolat et le Coca-Cola !

À mes yeux, ces transferts sont des miracles sans cesse renouvelés. Récemment, une petite fille cardiaque venue de Brazzaville s'est écroulée sous l'effet d'un arrêt du cœur au sortir de l'avion. Elle a été immédiatement prise en charge, elle a été opérée et sauvée. Aujourd'hui, elle galope, je l'ai revue joyeuse sur une balançoire à peine deux semaines plus tard… C'est un véritable conte de fées que vivent tous ces jeunes patients : sans solution dans leur pays natal, sans ce système de soins, que deviendraient-ils ?

*

* *

Bien sûr, la logique d'action nous a vite suggéré qu'il fallait opérer les enfants dans leur propre pays. Mais en ce qui concerne la chirurgie cardiaque, rien n'est simple : il ne s'agit pas d'un geste chirurgical isolé, il s'intègre dans un environnement technologique complexe. Et partir opérer au loin expose parfois à des aventures cocasses et inattendues…

En 1995, par exemple, je me trouvais à Rangoon, en Birmanie, au General Hospital. Tout semblait propre, nous étions deux en salle d'opération, Paul l'anesthésiste et moi, dans nos casaques en coton bleu azur particulièrement seyantes, secondés par des infirmières aux tabliers de Mary Poppins et aux pittoresques coiffes à l'anglaise. Le protocole se déroulait selon le cours normal, et je commençais à opérer une première petite malade d'un canal artériel, intervention sans accrocs. Deux chirurgiens birmans maîtrisant très peu l'anglais vinrent me prêter main-forte pour ouvrir le thorax. Tout à coup, Paul me dit, tétanisé :

– Il n'y a plus d'oxygène !

Je vis le sang de la malade noircir et pressentis le drame qui arrivait. Les Birmans n'avaient pas vraiment l'air d'être surpris, ils répétaient calmement :

– *No oxygen, no oxygen.*

En urgence, je refermai le canal et demandai à Paul de ventiler à l'air la patiente. Il s'empara du ballon pour souffler dans le poumon béant… Rien de tel que le *fresh air* du matin ! Heureusement, le sang rosit aussitôt et je n'ai jamais fermé un canal et un thorax aussi vite de ma vie ! Nous avons envoyé la petite fille directement en réanimation, sans radio, et comme il n'y avait toujours pas d'oxygène, nous avons cherché à la réveiller le plus vite possible pour la désintuber. Le soir même, je suis allé à la pagode de Shwedagon pour remercier les divinités… Et j'ai immédiatement gagné en sagesse… en décidant de ne plus opérer avant d'avoir revu le circuit d'oxygène !

Peu après, j'étais au Thoracic Center, temple de la chirurgie de Shanghai, pour une démonstration opératoire. Quand je suis entré en salle d'opération, il y avait plus de cinquante personnes déjà entassées. Je n'avais pas besoin de tout ce monde… En fait, les Chinois avaient profité de ma présence pour faire, de leur côté, une démonstration d'anesthésie sous acupuncture. Je devais opérer une jeune fille d'à peine dix-huit ans, elle me paraissait plus réveillée qu'endormie malgré les centaines d'aiguilles plantées dans son corps. On lui avait d'ailleurs glissé dans la bouche une branche de bambou qu'elle devait mordre… en cas de douleur !

On me répétait de ne pas m'inquiéter, on me jurait qu'elle dormait… Sauf que, justement, il me semblait qu'elle ne dormait pas assez ! J'étais mal à l'aise. J'ai fini par me lancer, et je l'ai clairement sentie bouger quand je lui ai ouvert le thorax. Afin de ne pas faire perdre la face aux acupuncteurs, je les ai félicités pour leur méthode, mais je me suis empressé d'ordonner discrètement quelques drogues supplémentaires.

Arrivé en réa, j'ai constaté, interloqué, le miracle chinois : il n'y avait aucun appareil ! En guise de respirateur, un infirmier chinois activait lui-même le ballon, un autre palliait l'absence de scope en maintenant ses doigts sur le pouls du patient tandis qu'un troisième gardait les yeux fixés sur un drain pour surveiller d'éventuels saignements. À bas la technique, vive le *hand made* !

En Égypte, où l'anarchie régnait souvent en salle d'opération, je me suis retrouvé à l'hôpital Kasr El-Maadi, où je réalisais une délicate opération au cours de laquelle survint une importante hémorragie. Dans le brouhaha, j'avisai mes collègues égyptiens de l'urgence de la situation. Tout le monde s'agita et l'anesthésiste finit par m'apporter un petit flacon de cent millilitres de sang. Je suis resté calme et lui ai dit qu'il m'en fallait quand même un peu plus… Après quelques ordres en arabe, deux infirmiers s'allongèrent par terre et se firent prélever une quantité de sang importante, sans doute du même groupe. Nous avions là une vraie banque de sang réellement frais !

En novembre 2000, j'étais en mission dans le vieil hôpital Calmette de Phnom Penh, au Cambodge, pour opérer une série d'enfants. La première intervention s'est très bien passée, dans un bloc qu'on disait rénové. Mais alors que le cœur du deuxième malade était ouvert et arrêté grâce à la machine cœur-poumon artificiel, tout s'est éteint d'un seul coup. Coupure d'électricité. Plus de lumière, seul le scope mis sur batterie clignotait et émettait son bip sonore. Panique générale. Claude, à la pompe, avait pris le relais de la machine cœur-poumon en tournant la manivelle. Il maintenait la vie du patient à la force de son poignet.

Pendant plus d'une demi-heure, je me vis contraint de terminer l'opération à la lumière de deux torches sur pile. Et soudain, miracle, tout se remit en route. Des éclats de rire nerveux traversèrent la salle d'opération. L'anesthésiste khmer m'expliqua que cette panne venait des singes… ils rongeaient les fils électriques.

Le sommet de ces mésaventures un peu folles eut lieu lors d'une mission à Bagdad. J'étais en train d'opérer et demandai à l'équipe de l'hôpital le taux de potassium du patient. Normalement, il devait tourner autour de cinq. On me répondit qu'il était à neuf. Je ne pouvais pas le croire : à ce taux-là, le malade aurait déjà rendu l'âme… Devant mon regard interloqué, l'infirmier me lança tranquillement :

– Huit ?

Sans réponse de ma part, il enchaîna :

– Peut-être six ?

En fait, il n'en savait rien. Il voulait juste me répondre poliment et négociait les chiffres comme il aurait marchandé une statuette aux puces. J'ai continué l'opération en faisant abstraction des constantes, en priant pour que tout aille bien. Ce qui fut le cas, heureusement.

*
* *

Par bonheur, ce genre de péripéties n'eut qu'un temps, mais il a fallu nous structurer et imposer une rigueur médicale. Nous avons dû établir des règles sérieuses, précises, une sorte de cahier des charges, pour avancer. En quelques années, nous avons appris à nous organiser. Nous avons défini certaines obligations, listé les éléments nécessaires au bon déroulement d'une mission, nous avons en quelque sorte industrialisé notre concept.

Sur le plan humain, une mission comprend une équipe d'une dizaine de personnes au minimum : trois infirmières réanimation, une infirmière salle d'opération, un ou deux chirurgiens, un anesthésiste, un réanimateur, un pompiste chargé de surveiller et de faire fonctionner le cœur-poumon artificiel qui assure la circulation extracorporelle le temps de l'intervention, et enfin un ingénieur en biologie capable d'assurer l'adéquation des lieux et des appareils à la chirurgie cardiaque. Nous formons des équipes rodées et opérationnelles. Nous définissons chaque poste, chaque cellule dont nous nommons un responsable. Nous listons les éventuels équipements à emporter sur place, type respirateur ou électroscope, afin de nous assurer que nous nous trouverons, pour opérer, dans les mêmes conditions qu'à Paris. Il s'agit, en quelque sorte, de faire la démonstration du geste, de prouver que cela est possible.

En plus, une règle absolue réclame une visite des lieux en amont de la mission afin de vérifier les éléments fondamentaux comme l'électricité, l'oxygène et l'eau ainsi que les conditions de propreté et d'hygiène. À Paris, nous avons supervisé au préalable l'apport des médicaments et des consommables, c'est-à-dire les tenues, les fils, les pansements nécessaires à la mission, et nous les avons envoyés par conteneurs.

Enfin, nous établissons avant notre arrivée la liste des enfants à opérer. En peu de temps, nous nous sommes professionnalisés et avons fini par devenir les commandos du cœur ouvert…

Nous œuvrons ainsi à Brazzaville, à Yaoundé, à Amman, à Tachkent et à Port-au-Prince. À nos équipes françaises se joignent parfois des équipes de New York ou de Londres et force est de constater qu'elles ont un fonctionnement très différent du nôtre. Ainsi cette équipe de dix-huit personnes venue de New York à Phnom Penh : ils avaient doublé tous les postes, comme s'il n'y avait pas de Cambodgiens avec qui œuvrer sur place… Ils s'étaient déplacés avec une masse de matériel imposante, soucieux de reconstituer les mêmes conditions que dans leur hôpital new-yorkais. Les Khmers étaient très impressionnés, c'était même intimidant pour eux…

L'équipe américaine était d'attaque dès 6 heures du matin, comme si ses membres venaient dans une optique de démonstration de leurs capacités… Le personnel médical local s'est senti écrasé par tant de performance, et se pensait incapable de relever le défi : tout cet apparat semblait au-delà de leurs aptitudes. Cette équipe américaine trop bien huilée donnait une image inatteignable de la chirurgie cardiaque.

Je me souviens de Chan, le chirurgien d'origine chinoise de l'équipe new-yorkaise. Impassible, il travaillait dans une espèce de ballet ritualisé, sur fond de musique américaine : systématiquement, à la fin de l'opération, au moment de recoudre la peau du patient, il refermait la moitié, puis serrait la main du Cambodgien qui l'aidait et il le laissait refermer l'autre moitié, comme si c'était une grande responsabilité… On ne peut être plus injurieux.

Nos équipes françaises ne travaillent pas du tout dans cet esprit, elles cherchent à montrer, à déléguer, à enseigner. Nous partons moins nombreux que les Américains pour ne pas arriver en force et représenter un groupe inhibant.

Cela dit, nous avons tout de même beaucoup appris de ces équipes new-yorkaises, et nous nous sommes américanisés en termes d'organisation. Nous apportons désormais notre matériel et nous repartons avec. Nous nous sommes même pris à rêver d'un hôpital du cœur volant, tout équipé, comme en possèdent les militaires américains…

Quoi qu'il en soit, à l'époque, nous nous rendions bien compte que si notre protocole fonctionnait parfaitement, il présentait des limites. Nous recevions d'ailleurs beaucoup de critiques avec ce système car nous étions, en quelque sorte – et nous le sommes encore dans bien des pays –, des marchands de désespoir. Nous montrions ce que nous pouvions faire et repartions en laissant les équipes sur place incapables de reproduire nos gestes chirurgicaux faute de moyens techniques. Il était nécessaire de leur donner plus d'autonomie.

L'étape suivante était donc justement de s'ingénier à former et à bâtir…

*
* *

En 1998, le premier pays ciblé a été le Cambodge : nous avons décidé de bâtir un hôpital à Phnom Penh. Nous sommes allés voir le roi Sihanouk dans son magnifique palais…

Avec Sa Majesté, nous sommes convenus de créer une fondation dédiée à la recherche de partenaires importants et de grands mécènes qui nous permettraient de bâtir. Moi, naïf, je me suis dit qu'avec le soutien du souverain, connu dans le monde entier, les problèmes seraient vite aplanis. Le roi a écrit à Coca-Cola, à General Electric, à Toyota... Sur une vingtaine d'envois aux puissants de la planète, il a reçu deux réponses... Négatives toutes les deux. Le roi était décontenancé. Il nous a donné dix mille euros et nous a souhaité bonne chance.

Je continuais coûte que coûte à croire au projet et finalisais les plans esquissés avec Nicolas Malivel, un grand architecte spécialisé dans les hôpitaux, qui nous avait déjà prêté main-forte au Vietnam. On était là encore dans un double mouvement d'amateurisme et de professionnalisme. Il nous fallait des fonds ! Nous sommes donc allés la fleur au fusil à Bruxelles, démarcher l'Union européenne. Nous avons récolté un silence assourdissant.

Alors, direction la télévision pour un reportage d'*Envoyé spécial* avec Paul Nahon. On décida de filmer une mission très émouvante au Cambodge à la fin de laquelle je dévoilais le plan du futur hôpital. Mais Paul me dissuada de faire un appel aux dons dans l'émission... Nous n'avons rien obtenu, à peine deux mille euros.

Peu après, je suis allé dans un temple protestant faire une petite causerie amicale à l'heure du café. C'était un vendredi pluvieux... Je me suis retrouvé devant une assemblée d'à peine vingt personnes... dont la moitié connaissait mes parents !

Et soudain, alors que je me croyais coincé dans une impasse, la magie opéra. À la fin de la causerie, un couple s'avança vers moi, monsieur et madame Petit. Très dignes, ils m'annoncèrent qu'ils avaient vu le reportage à la télévision et qu'ils avaient l'intention de faire « un petit geste », d'autant qu'ils connaissaient bien ma mère. Deux semaines plus tard, le petit geste arriva aux bureaux de La Chaîne de l'Espoir : trois millions d'euros.

À partir de ce don, tout s'accéléra, nous pouvions enfin espérer mener notre projet à son terme. Il s'agissait maintenant, munis de notre plan, de définir le lieu de la construction. L'emplacement qui avait été choisi, un espace abandonné dans le périmètre de l'hôpital Calmette à Phnom Penh, avait été vendu à Shell par les autorités cambodgiennes pour en faire une station essence. On alerta aussitôt le roi, qui nous renvoya vers le Premier ministre, Hun Sen. Nous sommes allés le rencontrer dans sa résidence où nous avons été reçus en grande pompe. Hun Sen est un homme troublant, un Khmer impénétrable : il a un œil de verre, et l'on ne sait jamais de quel œil il vous regarde... Le directeur de l'hôpital, qui m'accompagnait, se lança avec le Premier ministre dans une discussion à laquelle je ne compris rien et qui se termina par l'étude du plan du futur hôpital. Ils se mirent d'accord sur le fait que l'emplacement choisi était bien le plus pertinent... Restait le problème Shell à régler... C'était quand même Shell qui avait acheté l'emplacement et s'en trouvait donc propriétaire ! Mais Hun Sen annonça qu'il se chargerait de cette question et griffonna sur le plan quelques annotations qui stipulaient l'attribution définitive du terrain pour l'hôpital… Cela devait suffire comme papier officiel ! Ahurissant. On termina l'entretien par un pari sur la finale de la Coupe du monde de football, Hun misa cinquante dollars sur la France, et moi sur le Brésil. Je ne pouvais pas croire que la France avait ses chances. Et pourtant… J'ai gagné l'hôpital mais perdu mon pari.

Nous avions donc le terrain, restait à trouver le constructeur. Nous avons lancé un appel d'offres dans les règles de l'art, avec ouverture des enveloppes sous scellés à Paris… Nous travaillions avec un inspecteur des Finances qui nous guidait dans la marche à suivre. Notre appel a intéressé beaucoup d'entreprises, y compris Bouygues, seulement elles ignoraient le montant de notre budget global. Tous les projets reçus dépassaient bien largement notre enveloppe… Et puis nous avons eu ce rendez-vous à Phnom Penh avec un important entrepreneur khméro-français… Il demanda d'emblée quel était notre budget, et nous annonça que notre prix serait le sien. Pour son peuple, il était décidé à construire en dessous du coût réel. Même si l'on cherche à suivre le circuit normal, il y a toujours un élément de don, de générosité qui intervient pour que le projet aboutisse.

# Nos petits patients...

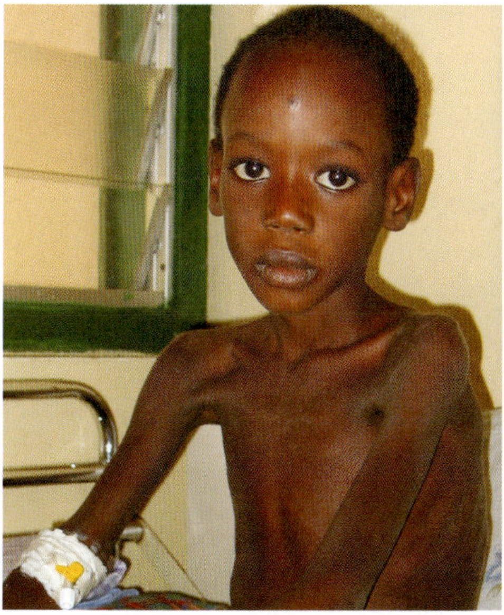

*Le RAA fait des ravages en Afrique. À la suite d'angines mal soignées, Moussa souffre d'une insuffisance mitrale majeure. Il sera heureusement opéré avec succès.*

*Nabila, Afghanistan.*
*Une enfant bleue porteuse d'une tétralogie de Fallot. Le sang non oxygéné a entraîné un aspect bleuté des lèvres et des extrémités.*

*Moment de détente lors d'une consultation au CHU de Fann à Dakar.*

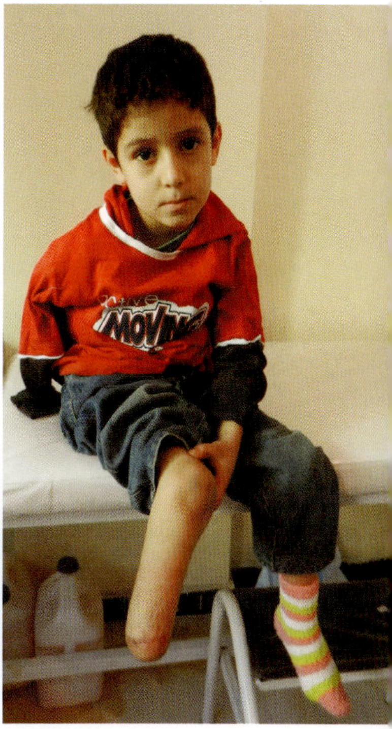

*Khaled, Syrie.*
*Victime d'un tir de roquette, amputé du bras et de la jambe.*
*Il sera appareillé en France.*

# Nos petits patients...

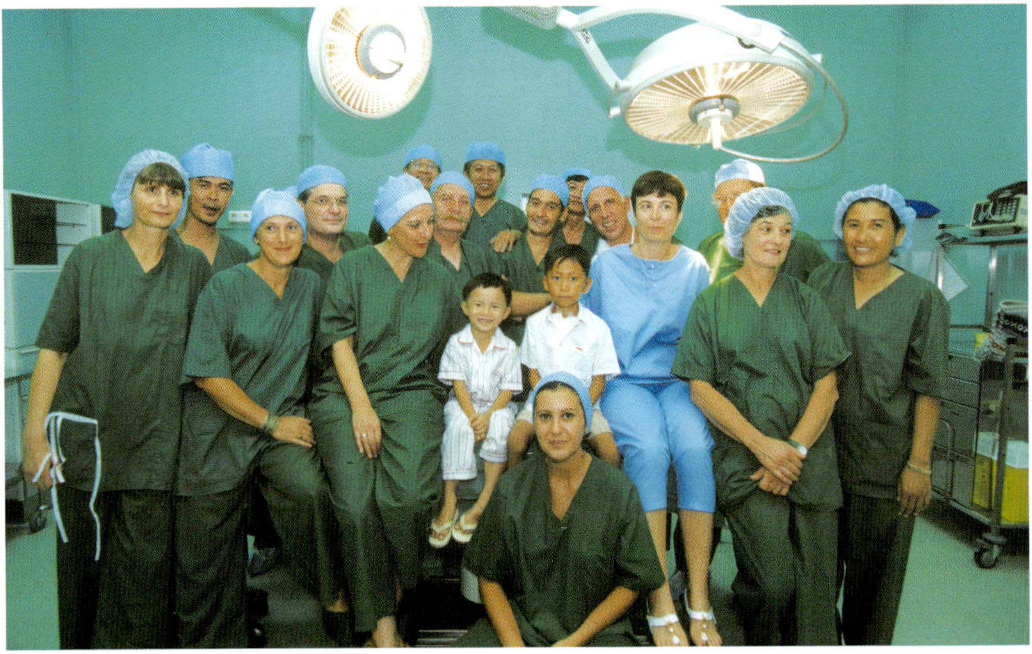

*1998 - mission chirurgicale à l'hôpital Calmette, à Phnom Penh : au centre, les deux premiers opérés à cœur ouvert de l'histoire du Cambodge. C'est un tournant dans la stratégie de la Chaîne de l'Espoir.*

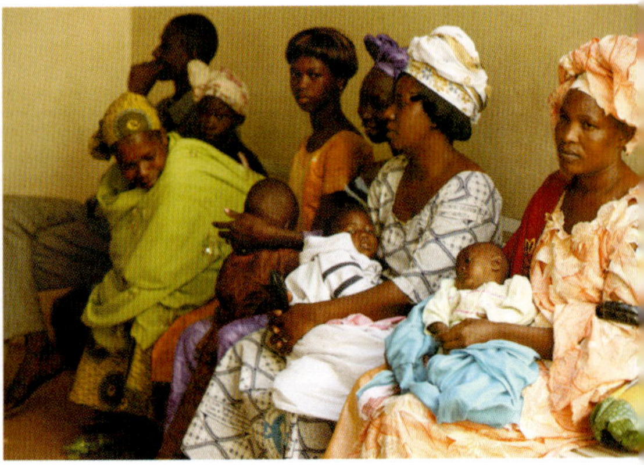

*Nos salles d'attente sont pleines – et très élégantes ! –, comme ici à Bamako.*

# Construire des hôpitaux sur place, c'est mieux !

*2002 - Institut du cœur de Maputo au Mozambique, inauguré grâce aux efforts de Beatriz Ferreira.*

*2003 - Pose de la première pierre de l'Institut médical français pour l'enfant à Kaboul.*

*Avec Éric Cheysson, nous surveillons l'avancée des travaux de l'Institut du cœur de Phnom Penh au Cambodge.*

*Alain Carpentier et moi-même sommes promus « Frères du peuple », en remerciement de la création de l'Institut du cœur de Phnom Penh.*

# Les grandes étapes du centre cardiopédiatrique Cuomo de Dakar

*Les grands partenaires du projet (ministère de la Santé du Sénégal, CHU de Fann, Fondation Cuomo, La Chaîne de l'Espoir) signent une convention historique.*

*Cérémonie de remise des diplômes à l'équipe sénégalaise formée à l'Institut du cœur du Vietnam : une nouvelle coopération Sud/Sud.*

*Le ministre Youssou N'Dour, chanteur planétaire, devient l'ambassadeur du projet.*

*Un moment historique avec Elena Cuomo : la pose de la première pierre, en juin 2015.*

*Avec le professeur Gilles Dreyfus et Elena Cuomo, nous examinons une jeune patiente candidate à la chirurgie.*

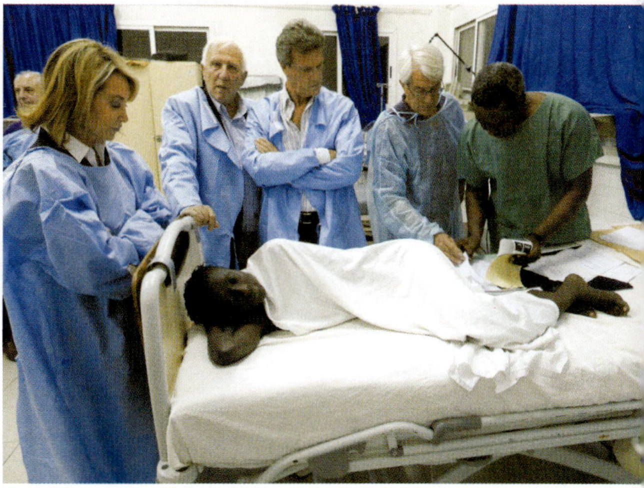

*2017 - Le centre cardio-pédiatrique Cuomo à Dakar ouvre ses portes.*

# Le long chemin de Bamako

*Après des années d'espoirs et d'échecs, la rencontre avec madame Festoc va bousculer le destin de milliers d'enfants maliens.*

*Le professeur Diarra consulte à la clinique Mère-Enfant du Luxembourg, à Bamako.*

*La liste d'attente et les cahiers du malheur… Plus de 2000 enfants attendent encore, mais peuvent désormais espérer.*

# Agir dans les zones de conflit

*Les trois* French doctors *de retour du Kosovo.*

*2011, Bagdad : une mission sous haute sécurité.*

*2005, Afghanistan : avec les forces de paix à Kaboul.*

# Sous le signe de l'éléphant blanc

*Pèlerinage à Lambaréné, dans le bureau de mon grand-oncle Albert Schweitzer, un grand éléphant blanc.*

*L'éléphant blanc, celui qui écarte le malheur...*

C'est alors que nous nous sommes enfin lancés dans la phase de construction concrète. J'en ai encore des sueurs froides ! Il n'y avait aucune grue sur le terrain, les échafaudages étaient en bois, je pensais que tout cela n'aboutirait jamais : ils ont tout construit en douze mois. Les ouvriers, qui étaient vietnamiens, dormaient sur place et le chantier ne s'interrompait jamais, tout était en activité vingt-quatre heures sur vingt-quatre. Malivel, l'architecte, surveillait l'avancée des travaux, tandis que Jacques Porrini, expert mondial de l'air conditionné, supervisait les installations… Voilà le symbole parfait de notre action : l'alliance du bidouillage et de la compétence.

J'étais encore à l'hôpital Georges-Pompidou à l'époque. Je passais donc mon temps à faire la navette entre Paris et Phnom Penh. Au Cambodge, je suivais les travaux avec un œil de contremaître, et même en France, je ne parlais plus que de construction et de récupération d'équipements médicaux pour fournir mon nouveau centre… C'est à ce moment-là que certains confrères ont commencé à m'appeler avec une ironie affectueuse « professeur Béton ».

Ce surnom m'allait bien. Effectivement, je voulais continuer de construire. Peu de temps après notre hôpital au Cambodge, une nouvelle aventure du cœur m'entraîna à Maputo, au Mozambique. Béatrice Ferreira, jeune femme au charisme subjuguant mais aussi excellente cardiopédiatre mozambicaine d'origine portugaise, sortait d'un long stage en France. Elle s'était mis en tête de transposer au Mozambique notre modèle cambodgien. Avec son mari Juan, fin politique, elle se lança à corps perdu dans ce projet. Tous deux firent de cet hôpital de cardiologie le sens même de leur existence, et en les voyant s'échiner à bâtir, je pensais au fameux proverbe : « Là où il y a une volonté, il y a un chemin. » Rien ne pouvait les arrêter. D'abord, ils ont trouvé le lieu : un ancien hôpital militaire à réhabiliter totalement. Ensuite, avec eux, j'ai rencontré à l'hôtel Crillon à Paris le président du Mozambique Joaquim Chissano, qui nous a accordé son appui total. Et il tint parole en prenant en charge le côté « béton » du projet !

À nous de trouver les équipements… Alors entra en scène Daniel Sidi, grande personnalité de la chirurgie pédiatrique à l'hôpital Necker de Paris, et autour de lui s'agrégèrent les Chaînes de l'Espoir britannique et portugaise ainsi qu'une fondation suisse, qui assurèrent l'ensemble du matériel… Tout s'assemblait avec une magie magnifique, une irrépressible union des volontés et, sur place, la fondation *Amigos do Coração*, Les Amis du Cœur, lança plusieurs campagnes de téléthon… L'argent arrivait. En 2001, moins d'un an après la mise sur pied du projet, l'Institut du cœur du Mozambique, plus précisément l'*Instituto do Coração,* pouvait ouvrir ses portes !

Cette réussite exemplaire était liée, en définitive, à l'heureuse conjugaison de forces convergentes étatiques et privées.

Trois cents opérations cardiaques ont lieu là-bas chaque année et, dans le même temps, environ dix mille enfants sont reçus sur place en consultation, examinés, diagnostiqués. L'Institut a ainsi soigné des milliers d'enfants, formé des praticiens, établi un centre de recherches. Et, point fondamental, cet Institut a atteint l'équilibre financier en développant des activités rentables, notamment les soins aux expatriés.

Cette première expérience africaine nous a donné des ailes et nous avons pensé pouvoir appliquer peu ou prou le modèle à d'autres pays du continent. Mais d'un autre côté, nous ne pouvions pas créer un centre cardiologique dans chaque hôpital africain. C'est là que nous est venue l'idée de bâtir des centres spécialisés pour les sous-régions, qui couvriraient les besoins en cardiologie de plusieurs pays alentour. Par exemple, l'hôpital de Dakar pourrait se mettre au service d'une large population de l'Afrique de l'Ouest.

*
* *

Nous donner les moyens d'agir, trouver où construire des hôpitaux pour que les médecins et chirurgiens locaux puissent prendre le relais et devenir autonomes, je ne pensais qu'à ça, je ne parlais que de ça. Et cette obsession étalée au grand jour portait souvent ses fruits, permettant à certains de m'alerter sur des opportunités de créer des hôpitaux dans divers pays.

Mais la tâche se révéla infiniment plus rude que tout ce que je pouvais imaginer… En effet, lorsque je regarde dans le rétroviseur, je vois aussi mes échecs, bien plus nombreux que mes réussites ! Tant de fois je suis parti plein d'espoir… et tant de fois j'ai été rattrapé par la réalité. Tant de fois j'ai cru passer la ligne d'arrivée, et j'ai chuté avant.

Ainsi, à Douala, au Cameroun, un projet d'Institut du cœur était demandé par les autorités locales et les médecins sur place, notamment l'influente pédiatre Ange Mongory : tout s'annonçait très favorablement ! Grâce à des fonds alloués alors par le groupe industriel Pechiney, nous dressions les plans du futur Institut tandis que la municipalité de Douala nous offrait le terrain. Je fis sur place plusieurs dîners pour recueillir des fonds, soirées à vrai dire peu rentables. Et puis arrêt brutal. Pourquoi ? Parce que le maire, à la suite d'événements restés pour moi obscurs, s'est retrouvé en prison. Nous n'avions plus le terrain, l'argent n'était plus à disposition et Pechiney se retirait… Notre projet, lui aussi, se trouvait condamné !

Il fallait partir bâtir ailleurs. Les liens de La Chaîne de l'Espoir avec le Congo-Brazzaville sont forts et historiques : le premier enfant à venir se faire opérer en France par notre association était congolais, et depuis longtemps nous sommes assez proches de madame

Antoinette Sassou-Nguesso, l'épouse du président en exercice, afin d'unir nos efforts pour venir en aide aux enfants malades.

Vers 2010, avec Marc Wautier, un ancien de La Poste, je suis reçu dans le palais présidentiel par Denis Sassou-Nguesso qui, sous les staffs dorés, trône au côté de son épouse sur un siège surélevé avec, face à lui, les membres de son gouvernement. Le président et moi commençons tout naturellement à parler de football, et plus particulièrement de notre passion commune, le must du must du foot mondial : le Real Madrid ! Nous jugeons de la saison, du changement de joueurs, nous supputons les chances du Real d'arriver en tête de la Ligue des Champions… Soudain, madame Sassou-Nguesso nous interrompt aimablement.

– Je pense que le football, ça suffit, nous devons parler de choses sérieuses.

Le moment est venu pour moi de soumettre notre projet d'Institut du cœur de Brazzaville : un super McDonald's du cœur, version XXL, destiné à la sous-région… Il faut dire qu'en Afrique plus on parle et plus le projet s'amplifie, se fait imposant, magnifique, grandiose… Le nôtre se fait bientôt le projet phare pour Brazzaville ! Il aurait vocation, me dit-on, à être un hub, un point central. D'ailleurs, aussitôt le président le baptise « hub du cœur », un hub de plusieurs millions d'euros qui, sur décision du président, sera financé par les revenus du pétrole.

Une étude de faisabilité est réalisée dans les règles de l'art, tout prend forme, une équipe entière se met au travail pour évaluer tous les aspects du projet, architecture, business plan, médecine, chirurgie... Plusieurs déplacements à Brazzaville nous ont permis, notamment, de repérer le terrain du futur hôpital, sur les hauteurs de la ville, proche de l'aéroport. Un peu plus d'une année après notre entrevue avec le président, nous sommes prêts. Retour au palais présidentiel. Avec fierté, nous présentons à Denis Sassou-Nguesso la maquette de notre Institut du cœur...

Et alors ? Eh bien, le Real Madrid a gagné la Ligue des Champions, à la grande satisfaction de tous les aficionados du football. En revanche, nous, nous avons perdu. Pourquoi ? Parce que le cours du pétrole s'est effondré de quarante pour cent. L'Institut du cœur ne pouvait plus être financé ! Rien n'a été annulé officiellement, mais repoussé à une saison plus favorable... En tout cas, j'attends la prochaine convocation à Brazzaville.

Autre espoir qui nous a fait vibrer : Haïti. Après le terrible séisme de janvier 2010, un collègue chirurgien haïtien qui exerçait à Toulouse m'appela.

– Ma tante possède là-bas une clinique restée intacte. Elle met cette clinique Lambert à notre disposition...

Je partis pour Port-au-Prince. Aussitôt, cette petite clinique de chirurgie esthétique, un établissement destiné au lifting des riches Haïtiennes, a été transformée en centre de secours où des milliers d'enfants blessés ont pu être pris en charge... À Pétion-Ville, sur les hauteurs qui dominent Port-au-Prince, la clinique Lambert est devenue la clinique du miracle ! Et Haïti avait vraiment besoin de miracles...

Avec des volontaires haïtiens, nous avons ajouté deux blocs opératoires parfaitement équipés aux deux blocs existants, nous avons augmenté le nombre de lits, dressé des tentes tout autour, et la petite clinique est devenue un centre de référence pour tous les sauveteurs. Dans l'élan international qui se portait au secours de ce pays fracassé, nous nous sommes acharnés à sauver des vies, à venir en aide aux enfants victimes du « syndrome d'écrasement » et qui souffraient souvent d'insuffisance respiratoire.

Et puis, cette fois avec mon ami le cardiologue Michel Théard et Maguy Degang, directrice de la clinique Lambert, je me suis trouvé confronté au problème des enfants cardiaques sans solution sur place. Alors, nous avons lancé un projet fou : faire de la chirurgie cardiaque à la clinique Lambert même, malgré l'exiguïté des lieux. Et là, Daniel Roux et son équipe de Toulouse firent de nouveaux miracles. Une équipe de New York est même venue nous rejoindre.

Cette initiative fit beaucoup de bruit, j'en profitai pour sortir mon projet de McDonald's du cœur à la sauce haïtienne ! Pour ce projet franco-américano-haïtien, les plans ont été dessinés, nous avons rencontré le président haïtien, et le dossier a été envoyé à l'ancien président américain Bill Clinton qui, au nom de l'ONU, coordonnait les efforts de reconstruction du pays. Nous étions certains de pouvoir bientôt ouvrir notre hôpital du cœur, projet qui entrait parfaitement dans le cadre du renouveau haïtien… « À malheur, bonheur », comme dit le dicton local.

Notre dossier n'a pas été retenu. L'enfant cardiaque n'est pas une priorité pour le renouveau d'Haïti.

Ces échecs m'ont démontré que pour parvenir à bâtir, il est certainement nécessaire d'obtenir des appuis politiques, mais il faut aussi une jonction entre le privé et le public… Si j'étais arrivé en Haïti avec quelques millions, tout aurait évolué plus favorablement. Bref, sans fonds de départ, le processus a bien du mal à s'enclencher.

*
* *

Heureusement, nous avons connu aussi de belles réussites, comme notre hôpital de Kaboul, en Afghanistan. Disons tout de suite qu'il ne s'agissait en rien d'un McDonald's du cœur, bien au contraire. Le projet était très ambitieux et a constitué un cap dans notre vision de développement. Car cet hôpital n'est pas né d'une demande habituelle faite dans une démarche habituelle. L'histoire de cet hôpital est une épopée à la Joseph Kessel, celui des *Cavaliers*, c'est-à-dire une aventure née dans des paysages durs et accidentés, une histoire évoluant dans des plaines caillouteuses et poussiéreuses, avec des hommes trop fiers et des dangers bien cachés.

Comme dans un roman bien balancé, il y a un héros. Le nôtre, c'est Éric Cheysson. Il a été celui qui a affronté ce pays et ces horizons déchirés, il a incarné le destin. Il ne le savait pas alors, mais son itinéraire fabuleux s'est construit dès les années 1980, quand il est parti pour la première fois en Afghanistan. Il fut le premier chirurgien à crapahuter dans ses montagnes, il allait là-bas pour soigner les moudjahidine en guerre contre l'Union soviétique. Et le pays l'a saisi : Éric est devenu un peu afghan. En tout cas, il s'est trouvé en fusion intime avec ce peuple à l'honneur sourcilleux.

En novembre 2001, il retourna à Kaboul. Il revint en nous disant :

– C'est le Moyen Âge, tout est détruit.

Mais le destin était déjà en marche. Les héroïnes du roman, Marine Jacquemin de TF1, Muriel Robin et surtout Bernadette Chirac, nous entraînèrent dans un projet déraisonnable : construire dans Kaboul sinistré un hôpital pour enfants. Tout dans cette réalisation tenait du miracle et tout s'imbriqua parfaitement pour conduire à sa réalisation. Appuis politiques et médiatiques, constructeurs et puissances financières du CAC 40 se penchèrent avec bienveillance sur notre hôpital en devenir. Dernier miracle sans lequel rien n'aurait pu être pérennisé : la rencontre avec l'Aga

Khan, chef spirituel des ismaéliens. L'Aga Khan Development Network (AKDN), un des grands acteurs mondiaux du développement, se lança avec nous dans cette aventure en assurant la gestion de l'établissement. Jean-Roch Serra, directeur de La Chaîne de l'Espoir, et Éric Cheysson se mirent à l'interface de notre petite association et de l'AKDN. Les deux David et Goliath s'entendirent parfaitement.

En Afghanistan, nous avons créé le Palais des enfants, un havre de paix et de concorde où, dès son ouverture en 2005, convergèrent les petits malades de tout le pays… et de toutes les mouvances. Aujourd'hui, l'hôpital affiche cent mille consultations et dix mille opérations chaque année, dont celles de quatre cents petits cardiaques. Face à ceux-là, le leader du cœur : le chirurgien pachtoune Najeebullah Bina, qui a abandonné sa carrière d'international de football pour se former à Paris et devenir une gloire de la chirurgie cardiaque.

Et le destin continue sa marche : en 2017, avec des fonds officiels français, nous avons ouvert la maternité et transformé ainsi l'hôpital en un établissement mère-enfant, et comme le destin jamais ne s'assoupit, il est envisagé déjà de transformer l'hôpital en un véritable CHU pour la région et les États alentour.

Dans le contexte de l'Afghanistan, carrefour de tous les dangers, cet hôpital n'est pas seulement un hôpital, c'est une arme de paix, selon Éric Cheysson. Pour lui et pour tous ceux qui se sont engagés dans ce projet fou, l'hôpital de Kaboul est porteur d'espoir. En soignant les corps, en préservant l'enfant, c'est tout un monde qui semble se pencher au chevet du pays malade de sa violence.

*
* *

Après toutes ces expériences, ces ratés et ces succès, mon surnom de professeur Béton me plaît bien... mais c'est un peu court. Comme s'il ne s'agissait que de bâtir, d'élever des murs et de poser des toits ! Mais une fois que l'on a pensé à édifier la structure, une fois qu'on l'a équipée avec du matériel adapté, une fois que tout semble en place, le bâtisseur doit se faire gestionnaire... Lorsque se pose la question de la construction, vient immédiatement après l'interrogation sur la gestion. Construire, c'est bien ; apprendre à gérer, c'est mieux. Sans quoi le plus beau des projets s'effondrerait avant même de voir le jour.

Professeur Béton ? Professeur Budget, oui ! En effet, il nous a fallu apprendre à gérer un budget et surtout à prévoir les frais et les modes de fonctionnement. Heureusement, nous nous sommes vite rendu compte que les pays en développement ont une grande souplesse d'innovation, contrairement à l'Europe où nos carcans sont bien souvent mortifères. Par exemple, dans ces pays, il est possible d'inventer de nouveaux systèmes de gestion où des structures privées seraient éventuellement intégrées dans des structures publiques, chose impensable en France !

La réalité m'a appris à compter avant même de songer à construire. Quand nous sommes arrivés en Afrique ou en Asie dans les années 1980, les systèmes de santé étaient complètement délabrés, nous avions affaire à un véritable désastre sanitaire. L'hôpital public était abandonné à son triste destin et les budgets de santé alloués ne permettaient pas de le faire fonctionner. Normal : les ministères locaux n'avaient pas d'argent, et ils consentaient à l'hôpital un budget de fonctionnement qui ne couvrait pas les frais. La conséquence logique était de faire payer le malade, dans des pays où l'assurance maladie n'existait pas. La famille du patient devait même, bien souvent, aller sur le marché avant l'opération pour acheter les drogues d'anesthésie, les fils de suture et les pansements. Les riches pouvaient se soigner, quant aux autres… Amer constat. C'est là que nous avons pensé appliquer la tactique de Robin des bois : prendre l'argent des riches pour le donner aux pauvres, autrement dit faire payer les plus aisés afin d'offrir la gratuité aux autres… Plus vite dit que fait !

Logiquement, nous avons décidé d'établir une autonomie de gestion et de budget afin d'être en mesure constante de contrôler les dépenses. Notre philosophie de gestion est de type privé… non lucratif ! L'essentiel étant d'arriver à l'équilibre financier. Par ailleurs, il nous a semblé capital de créer des fonds de solidarité pour couvrir les dépenses inhérentes aux soins des enfants pauvres : la médecine n'est jamais gratuite.

Cependant, nous ne pouvons pas établir de profil type : la répartition des dépenses est radicalement différente selon les pays. Ainsi, en France, les dépenses de médicaments et de consommables représentent huit pour cent du budget de l'hôpital alors qu'au Cambodge ils dépassent les cinquante pour cent.

Dans ces pays lointains, pour faire vivre leur famille, les médecins sont souvent obligés de cumuler les activités : à côté de leur pratique à l'hôpital public, ils reçoivent des patients en cabinet privé. Quand on veut les former, on leur explique que la chirurgie cardiaque est un job à plein temps. Ils répliquent qu'il faut alors mieux les payer… Je pense qu'un chirurgien, un médecin ou un infirmier formé pour assurer des soins en chirurgie cardiaque doit posséder un certain nombre de compétences qui méritent effectivement d'être justement rétribuées. Mais ce n'est pas si simple : nous ne pouvons pas fixer les salaires des employés de nos hôpitaux ! Dans chaque pays, nous sommes soumis aux grilles salariales du ministère de la Santé, nous ne pouvons augmenter les traitements de base que par des primes qui s'ajoutent aux primes.

Puis arrive la dernière étape indispensable de notre dispositif, mais non la moindre : la formation. Elle doit commencer dès la pose de la première pierre. La construction et la formation vont de pair et durent douze à dix-huit mois. Dès l'ouverture de l'hôpital, la formation sera poursuivie durant deux ans par des équipes venues sur place en mission médicale.

Toutefois, il faut toujours former en fonction des possibilités locales. Si l'on envoie les jeunes Cambodgiens à Singapour, à New York ou à Paris pour se former, ils auront à leur disposition des matériels, des techniques, des moyens complètement différents de ceux dont ils disposeront une fois rentrés, et plus performants. La formation doit tenir compte de ces paramètres et marcher à l'économie, ce qu'on n'apprend pas toujours en Europe.

*

* *

Après toutes ces années et une certaine expérience accumulée, des interrogations demeurent. À l'évidence, les pouvoirs locaux doivent investir davantage dans les constructions hospitalières. Car l'hôpital public est au cœur des systèmes de santé de tous les pays, quel que soit leur stade de développement.

Les États doivent prendre conscience que le privé et ses investisseurs vont introduire le loup dans la bergerie, une médecine à deux vitesses, une médecine business. Mais, au bout du compte, qu'est-ce qui nous sépare fondamentalement de ces pays ? L'assurance maladie ou, mieux encore, la Couverture maladie universelle ! Il faut se souvenir que, chez nous, le système est totalement fondé sur des cotisations obligatoires, aucune initiative de cet ordre n'a été mise en place là-bas. Dès lors, on mesure le chemin à parcourir pour assurer l'équilibre des grands hôpitaux publics, particulièrement en Afrique… Les progrès de la médecine, de plus en plus coûteux, ne pourront profiter à tous qu'à cette condition.

D'une certaine manière, notre acharnement à construire dans les pays en développement participe à cette évolution. Mon enthousiasme et ma persévérance sont médicaux, bien sûr, mais pas seulement. Construire un hôpital et imaginer sa gestion représente un défi de tous les instants, révélateur des failles d'un pays et moteur pour son développement. En soignant, dans une structure locale, un enfant « bleu » frappé par la tétralogie de Fallot, par exemple, on rend un service majeur aux populations de cet endroit. En effet, si cet enfant n'était pas opéré et parvenait à survivre, il aurait des séquelles graves et plongerait sa famille dans la difficulté quotidienne, qui pourrait se répercuter sur les autres enfants de la fratrie, que l'on n'aurait pas les moyens d'envoyer à l'école. En fait, en réglant le problème des anomalies cardiaques, on vient en aide non seulement au petit patient, mais à l'ensemble de la société. Mais on peut aller plus loin. Quand on installe un centre de chirurgie cardiaque dans un pays pauvre, c'est tout ce pays que l'on fait avancer. Pourquoi ? Parce qu'un tel centre suppose une technologie de pointe, une banque du sang, des laboratoires… Et puis vient le moment où l'on s'aperçoit que tout cela a un coût, alors émerge l'idée d'une protection sociale.

Et c'est ainsi que, par un enchaînement vertueux, en soignant les enfants cardiaques, on peut parfois guérir toute une société.

## – 6 –

# QUAND YOUSSOU N'DOUR CHANTE L'AFRIQUE

La nuit est bien avancée. Youssou N'Dour, enveloppé dans son chatoyant boubou bleu ciel, apparaît enfin. Inondé de lumière, il arrive sur le devant de la scène. Dès les premières notes, la foule à l'unisson reprend ses chansons. Le tempo se fait de plus en plus rapide, plus impérieux, l'Afrique se met à danser… Danser sans fin et sans limite comme elle seule sait le faire.

Ce soir, dimanche 3 avril 2016, veille de la fête nationale sénégalaise, c'est le moment tant attendu : Youssou N'Dour chante au Grand Théâtre de Dakar. Il chante pour les enfants malades du cœur. Nous sommes arrivés bien en avance car, en Afrique, l'heure est une variable inconstante. Je le sais, voilà un demi-siècle que je parcours le continent, surtout le sous-continent francophone avec lequel nous partageons un bout d'Histoire…

En 1971, envoyé par l'association Frères des Hommes, je débarquais à Fada N'Gourma, un hôpital de brousse rattaché à une bourgade au cœur de la Haute-Volta – aujourd'hui le Burkina Faso, le « pays des hommes intègres » –, à plus de trois cents kilomètres de Ouagadougou. Il avait fallu rouler près d'une journée sur les pistes de sable rouge avant d'arriver à destination. J'étais alors un jeune chirurgien, et je découvrais pour la première fois un pays du tiers-monde, comme on disait alors. Sur le plan médical, j'étais l'homme à tout faire : césariennes, fractures ouvertes, hernies monstrueuses, morsures de hyène et plaies de coupe-coupe. J'avais pour seul aide Félix, l'infirmier-major, et il fallait se contenter des rudimentaires moyens du bord… Mon anesthésiste, Tenkedogo, excellent praticien, était pourtant cordonnier de son état. Il fallait bien vivre. Il endormait les patients et réparait les savates avec un talent égal et une même conscience professionnelle.

La nuit, quand s'apaisait la chaleur étouffante, au-delà des bruissements des animaux qui couraient dans la brousse, je distinguais au loin les rythmes lancinants des tambours venus des villages peuls. Je me laissais alors gagner par l'ivresse de l'imaginaire qui me transportait au côté de mon grand-oncle Albert Schweitzer, qui avait passé trente-sept ans en Afrique, à Lambaréné, dans son village-hôpital.

Par la suite, lors de mes nombreuses missions sur ce continent, j'ai eu l'occasion de travailler dans de grands hôpitaux comme Le Dantec au Sénégal, Laquintinie au Cameroun, le Point G au Mali… tous construits à l'époque coloniale par des médecins militaires, la plupart affiliés au corps de santé de la marine, considérés comme des militaires chez les civils et comme des civils chez les militaires. Les blouses blanches de l'empire… Elles étaient des milliers à diffuser au bout du monde les avancées de la médecine occidentale. Confrontés à la variole, à la peste, au tétanos, au choléra, à la fièvre jaune, au paludisme, beaucoup de ces médecins engagés y ont laissé leur vie.

Au chevet de l'humanité souffrante, ils étaient les précurseurs de l'humanitaire moderne. Et moi, lors de mes missions en Afrique, j'avais parfois le sentiment d'approcher leur existence d'engagement pour une médecine universelle, et je croyais partager un peu la pratique de ces grands précurseurs.

Ce soir, à Dakar, Youssou N'Dour chante en wolof et la magie opère… Je me laisse envoûter par la beauté de ce chant aux syllabes musicales. Le wolof est la langue de l'ethnie majoritaire au Sénégal ; l'Afrique en compte plus de mille, comme le batéké, le bambara ou le bakongo. Chaque ethnie possède son histoire, sa culture, sa religion parfois, et revendique toujours un puissant sentiment d'appartenance. Au cours de mes voyages, j'ai pu constater l'importance de ces communautés et j'ai réalisé que la majorité des pays africains ne sont que des constructions récentes datant des années 1960, époque des indépendances, qui font fi de l'histoire des anciens royaumes, des empires ancestraux et des clivages ethniques. Le continent africain a été découpé arbitrairement en une multitude de nations héritées de la colonisation.

Dans le domaine médical, cette histoire chaotique implique des conséquences désastreuses. D'abord, chaque pays tient à conserver ses propres facultés de médecine, qui diplôment trop de médecins peu qualifiés. Ensuite, chacun veut un hôpital de référence dans chaque spécialité, ambition inadaptée quand les ressources sont rares… Ainsi, depuis plusieurs années, j'assiste, impuissant, à une dégradation des systèmes de santé africains. Je l'ai déjà dit : la solution idéale existe pourtant, elle consisterait en la création de « zones supranationales » pour les politiques de santé. C'est-à-dire que des hôpitaux de référence s'adresseraient aux populations de sous-régions entières, sans tenir compte des découpages nationaux.

Pour l'heure, c'est la fête ! On chante jusqu'au bout de la nuit pour noyer ces difficultés, pour oublier ces carences qui condamnent sévèrement la population africaine. Je songe aux équipements donnés, mais hors d'usage, à l'obligation pour les familles des patients d'acheter médicaments et consommables avant l'opération : produits d'anesthésie, sérum, compresses…

Il y a longtemps, à l'hôpital Le Dantec de Dakar, j'ai connu le grand désert de la nuit… Le chirurgien devait porter lui-même les prélèvements sanguins du fin fond de l'hôpital jusqu'à un laboratoire vaguement improvisé, et les résultats ne revenaient jamais ou se révélaient erronés. Au CHU de Brazzaville, les ascenseurs avaient définitivement rendu l'âme et des porteurs étaient chargés de monter les malades sur leur dos. Les tarifs variaient selon le nombre d'étages et le poids des patients… Je me souviens du triste sort des infirmières, sous-payées, obligées d'aller faire des piqûres en ville après le travail pour permettre à leurs enfants de fréquenter l'école payante, et de ces médecins compétents contraints de doubler leur activité pour survivre…

Souvenirs d'un passé révolu, certes, mais les structures hospitalières demeurent fragiles dans de trop nombreux secteurs. Aujourd'hui encore, la médecine africaine est frappée d'un fléau tenace qui ralentit son évolution : l'attente. Il faut attendre la livraison de médicaments, attendre un rendez-vous au ministère, attendre la pièce essentielle pour réparer une panne qui bloque tout…

Les systèmes de santé souffrent de difficultés majeures dans leur gestion et pâtissent des trop faibles budgets qui leur sont alloués, mais ils sont surtout rongés, rappelons-le, par une absence d'assurance maladie. Le vrai fossé qui nous sépare des pays en développement n'est pas tant le progrès en médecine que cette couverture maladie. C'est cela, la solidarité : la société s'organise pour prendre en charge les pathologies. Mais qui pourrait cotiser pour une sécurité sociale en Afrique ? À cela s'ajoute le dramatique problème de la contrefaçon de médicaments. Les faussaires excellent en la matière : la boîte, les inscriptions, la forme, la couleur des comprimés… tout est parfaitement imité. À cela près que la substance active est remplacée par de la farine ! Cette peste sournoise gagne tout le continent et ne fait que s'étendre, car ce commerce assassin rapporte plus de deux cents milliards de dollars par an au niveau du marché mondial.

*
* *

La voix chaude de Youssou N'Dour me sort de ces sombres pensées et m'entraîne dans un monde vibrant. Il chante sa « mama Afrique », image d'une terre joyeuse et généreuse. Comment ne pas se laisser prendre par cette musique africaine triomphante, mère de la world music et du reggae ? Ses paroles sont inspirées par les griots, les conteurs africains qui transmettent la mémoire collective. Ces mots, cette musique nous projettent hors du temps matériel, et renvoient le public à leur sens premier : mettre le corps et l'esprit en transse pour entrer en contact avec le monde des esprits.

De même, la médecine traditionnelle est pratiquée en Afrique par les marabouts (les « tradi-thérapeutes », dit-on en langage politiquement correct), qui sont plus que de simples sorciers. Si l'on met de côté l'aspect folklorique de la pratique, la démarche de ces guérisseurs n'est parfois pas très éloignée de notre médecine. D'ailleurs, les grands laboratoires occidentaux s'intéressent de près aux remèdes et potions cent pour cent naturels prônés par les marabouts. On le sait, la nature peut nous aider dans la pharmacopée : la morphine ne vient-elle pas du pavot et la quinine du quinquina ? On a découvert récemment que la feuille de pervenche de Madagascar contenait une molécule utilisée pour soigner le cancer du sein. La nature est une réserve infinie pour les pharmacies du monde.

Pourtant, les marabouts, bien plus à l'écoute des patients que nous, savent que le pouvoir des infusions et autres préparations est limité, malgré leur efficacité. Ces pratiques ancestrales ne peuvent suffire à contrer tous les malheurs de l'Afrique. Certes, les grands fléaux comme le sida ou le paludisme reculent au prix d'une lutte acharnée qui engloutit les milliards de dollars de Bill Gates, mais ce recul cède malheureusement la place à des maladies non transmissibles comme les affections cardiovasculaires, les cancers, l'hypertension artérielle… La grande faucheuse continue de ravager le continent : les accidents vasculaires cérébraux sont devenus l'urgence première dans tous les hôpitaux africains. Il devient nécessaire et urgent de modifier radicalement notre approche sanitaire. Place désormais à la médecine moderne faite de prévention, de dépistages, de thérapies longues et, bien sûr, coûteuses. Il est l'heure de construire des centres hospitaliers vastes et efficaces.

Les tambours s'enflamment sur la scène. Il y a autant de tambours qu'il y a de tribus, autant de rythmes que de villages, autant de mélopées que d'états d'âme. Un danseur virevolte, saute, se contorsionne, habité par la musique… La salle l'accompagne et frappe des mains en rythme. L'énergie qui se dégage de cette osmose est palpable, émouvante aussi : l'Afrique même blessée est en vie, et elle est plus forte que tout.

Gervais, le premier enfant sénégalais venu en France en novembre 1988 pour y être soigné, me revient en mémoire. Sa mère m'avait écrit un petit mot : « Aller en France, c'est comme aller au ciel, c'est un miracle. » Je me demande ce qu'il est devenu… Je revois Divin de Brazzaville, dont j'avais aussi opéré le père, Jean de Dieu, quelques années auparavant. Je repense à Huguette, qui m'apportait des fleurs, des fruits ou du miel à Ouagadougou… Dix ans après son opération à cœur ouvert, elle avait réussi son examen d'entrée en médecine. Je repense à Yasmina, princesse du désert tchadien, celle qui avait fait deux arrêts cardiaques à la sortie de l'avion avant d'être opérée en urgence et sauvée. Et voilà Mahamadou Tacko, ce petit garçon qui nous a quittés à Dakar, après un combat de plusieurs jours en réanimation. Son grand-père, pourtant effondré de douleur, avait trouvé les mots pour me réconforter, moi !

– Chez nous, docteur, la mort d'un enfant s'apparente malheureusement à un événement de la vie… Nous savons que grâce à vous, Tacko ne nous a pas quittés dans l'indifférence et la carence de soins.

Cette immense dignité dans le malheur résume tout.

Chaque coup de tambour réveille en moi un écho, un souvenir de mon histoire africaine. Chaque enfant que j'ai vu, et tous ceux qui attendent… Ils sont des milliers, tous victimes de l'injustice de leur lieu de naissance. Techniquement, médicalement, on peut les sauver, on sait comment… Malheureusement, on ne peut pas tous les faire venir en France.

Les tambours ralentissent enfin et, sur un geste de Youssou, tout s'arrête. Je reviens à la réalité avec le silence qui semble encore palpiter, comme un cœur qui bat.

Il est 3 heures du matin, mais personne n'est fatigué. Youssou avance dans la lumière d'un projecteur, le poing levé, il entonne maintenant *Africa*, l'hymne à l'unité de l'Afrique, le chant à la jeunesse, le cantique du futur… Oui, la jeunesse est bien là. Dans la salle et partout sur le continent… D'ici 2050, celui-ci comptera près de deux milliards d'habitants. La jeune Afrique croit en l'avenir, elle est debout. Je pense à Diop, jeune chirurgien sénégalais, à Berthe, merveilleuse pédiatre congolaise, à Coulibaly, jeune chirurgien malien et à tous les autres jeunes médecins que j'ai rencontrés. Oui, l'Afrique s'éveille. C'est une mutation palpable et d'intensité sismique.

En Afrique, l'Europe peu à peu abdique. De nouveaux acteurs sont sur place : l'Inde, la Turquie, le Brésil, mais surtout la Chine qui écrase tout de son omniprésence. Au cours des dix dernières années, l'empire du Milieu a construit plus de cinquante hôpitaux sur ce continent. Reste, tout de même, que les médecins chinois n'ont pas, avec leurs malades, la proximité dont nous pouvons nous prévaloir : ils ont besoin, eux, d'une interprète chinoise francophone au chevet du patient ! Qu'importe, ils pénètrent tous les systèmes de santé, et les médecins locaux les rejoignent. Un ami cardiologue de Libreville m'a soufflé :

– Mon cœur est en France et mon portefeuille en Chine.

Si un jeune médecin local veut se former en Chine, il lui suffit de s'inscrire à un Institut Confucius ouvert sur le territoire africain et sa voie sera tracée… à condition qu'il apprenne le chinois.

La chanson *Africa* se termine sur une longue note… « *We are Africa* » résonne dans les cœurs et les applaudissements montent, frénétiques, interminables. Ce soir, le concert de Youssou N'Dour est diffusé partout en Afrique et dans le monde via le réseau câblé. Un chauffeur de taxi sénégalais envoie un message de New York, des appels arrivent d'Italie, de France, du Canada… Le concert est couplé à un téléthon sur la Toile avec YouTube en relais.

La soirée s'achève… le rideau retombe, le maître de cérémonie annonce fièrement :

– Mesdames, messieurs, ce soir, le concert du cœur pour les enfants a rapporté la somme de… deux cent mille euros ! Un miracle pour nos petits malades !

Exclamations, applaudissements. Je suis ému aux larmes, c'est la première fois que je vois la solidarité africaine se manifester avec une telle ampleur. Youssou l'avait promis, il l'a fait ! Lui, le chanteur planétaire, le ministre, le businessman, est aussi un homme de cœur au service du cœur des enfants…

*
* *

Depuis plus de quinze ans, c'est-à-dire depuis le début du siècle, avec mon collègue sénégalais le professeur Mahamadou N'Diaye, mon jumeau africain, chirurgien cardiaque lui aussi, nous portons le projet de la construction d'un centre de cardiopédiatrie à Dakar. Tous deux, nous nous en sommes d'abord remis à la générosité de la France… à tort. Nous avons ensuite espéré un geste venant du Moyen-Orient… en vain. Nous attendions beaucoup des Afro-Américains pour qui Dakar reste une ville-pèlerinage, nous avons même rencontré des champions de basket… *No way.* C'est finalement à Monaco que le destin des enfants sénégalais a basculé, grâce à Elena Cuomo, une femme engagée et généreuse. À la tête de la fondation créée par son défunt mari Alfredo Cuomo, elle continue d'aider les enfants au nom de leurs droits fondamentaux. Elle a pris fait et cause pour notre projet en finançant la construction et les équipements de notre hôpital. Grâce à elle, nous avons fait sortir de terre notre centre de cardiopédiatrie à Dakar. Avec elle et le professeur Gilles Dreyfus, nous avons jeté les grandes lignes du projet en ne sous-estimant pas les difficultés à venir. La ministre de la Santé du Sénégal, connue dans le monde entier pour sa compétence de médecin, nous a donné le terrain, les médecins se sont mobilisés… et puis Youssou N'Dour, sollicité, est devenu notre ambassadeur impliqué et actif.

Avec les médecins sénégalais, avec Francisco Diaz, le brillant directeur de la Fondation Cuomo, avec Marc Wautier, avec Justine Girard, notre splendide architecte, nous avons établi le dossier de faisabilité où tout était prévu et chiffré… Demeurait tout de même un bémol : la prévision de la gestion financière du futur hôpital. Car il restait un flou sympathique en ce qui concernait la gratuité éventuelle des soins dans notre centre.

Évidemment, il aurait été plus simple et plus clair de décréter la gratuité totale, mais il fallait bien faire entrer un minimum de liquidités : un hôpital qui ouvre en déficit, ce n'est jamais bon signe pour le futur. Qui va donc payer, combien et quoi ? Nous avons envoyé des experts sur place dont les missions étaient d'établir un système viable et d'imaginer une base forfaitaire pour chaque malade. Face à l'incertitude générale et au manque d'éléments tangibles, nous avons finalement décidé de nous concentrer sur l'ouverture de l'hôpital et de résoudre ces questions comptables dans un second temps. Au début, ceux qui voudront payer paieront. Principe plutôt approximatif, je le sais bien, mais notre priorité est la qualité médicale, non la rentabilité.

Pour la bonne marche du centre, nous avons donc créé un organe collectif de décision composé de tous les acteurs du projet : la Fondation Cuomo, La Chaîne de l'Espoir, la direction du CHU Fann de Dakar et le ministère sénégalais de la Santé. En arrière-fond, cependant, nous sentons dans l'esprit des Sénégalais une vague idée préconçue : ils nous croient plus riches que nous le sommes ! Avec Francisco, nous essayons de leur faire comprendre que nous devons organiser la gestion moderne d'un hôpital et de son nécessaire équilibre budgétaire. Nous allons indubitablement être confrontés au fait que seuls vingt pour cent de la population peuvent assumer les frais d'une intervention cardiaque, qui est de l'ordre de trois mille euros. D'où l'idée de créer une caisse de solidarité pour prendre en charge les enfants pauvres.

*
* *

À la fin du printemps 2016, l'hôpital prend forme, mais il faut songer à la formation. La démarche normale serait d'amener l'équipe chirurgicale sénégalaise en France, d'autant que les Sénégalais parlent français. Mais le normal n'est plus normal ! Le barrage de papiers dressé par l'Administration est tel qu'il vaut mieux renoncer. Statut des infirmières, interdiction pour un soignant étranger d'approcher un malade, délivrance des bourses, tout pose problème et nous nous trouvons devant un monde d'interdits accumulés, la France se referme, les difficultés sont définitivement décourageantes.

Alors, j'émets l'idée folle de voir l'Institut du cœur d'Hô Chi Minh-Ville faire office d'école efficace pour les équipes chirurgicales africaines… Ils ont la langue française en commun. Surprise des Sénégalais devant ma proposition. Pour eux, le Vietnam reste une *terra incognita*, il n'y a même pas d'ambassade du Vietnam au Sénégal. Cependant, au cours d'un repas officiel, je parle de cette éventualité avec Truong Tan Sang, le président du Vietnam.

– Ce serait notre honneur, c'est de la coopération Sud-Sud, me répond-il.

Du coup, toutes les portes s'ouvrent.

Et c'est ainsi que je débarque au Vietnam accompagné de trois Sénégalais, un chirurgien, un directeur d'hôpital et un anesthésiste.

Étonnement discret et feutré de nos hôtes asiatiques. D'abord, il y a peu d'Africains au Vietnam et, pour les Vietnamiens, les Africains qu'ils croisent dans le pays sont tous des footballeurs…

Stupéfaction du côté des Sénégalais, époustouflés par un pays où tout le monde travaille, tout le monde s'agite. Quant à la visite de l'hôpital, c'est un véritable choc pour eux. Ils sont plongés soudain dans une structure qui fait près de deux mille consultations par jour, quatorze boxes de consultation qui marchent en même temps, gérés par haut-parleur de 7 heures du matin à 16 heures. Même le bloc opératoire est une ruche, chacun est à son poste, attentif et silencieux. D'un coup, les Sénégalais mesurent leur retard… Et je me souviens qu'en 1988 le Vietnam et le Sénégal étaient au même niveau médical, le Sénégal était même peut-être un peu en avance… Vingt ans après, le décalage est énorme, le Sénégal a stagné, le Vietnam s'est envolé. Mes amis sénégalais sont effondrés.

– On n'y arrivera jamais, me répètent-ils.

Ils se trompent, bien sûr. Six mois plus tard, l'équipe est prête et peut rentrer à Dakar.

*

* *

Dès le mois de décembre 2016, l'hôpital est livré, prêt à fonctionner. Les équipements sont sous bâche, les circuits électriques finalisés, l'alimentation en eau est opérationnelle, le groupe électrogène valide. L'hôpital est sur le point de prendre son envol et les premières opérations pratiquées dans son bloc tout neuf doivent lui donner vie.

Le bâtiment est tout blanc, il ressemble à ces petites maisons californiennes peu élevées, au toit plat, simples et pleines de charme. Certes, il n'impressionne pas comme un CHU, mais c'est ce que nous avons voulu. C'est comme ça que nous l'avons imaginé, parce qu'il est à destination des enfants et ne doit pas écraser nos petits patients par sa taille et son architecture.

Ce qui anime le centre, ce sont les mosaïques colorées qui tapissent les murs, des œuvres réalisées par des artistes sénégalais sur le thème de l'enfance, c'était le vœu d'Elena. Devant l'entrée, comme pour souhaiter la bienvenue, un baobab stylisé, aux branches animées de couleurs, accueille le visiteur, et l'on passe sous une arche… en forme de cœur, bien sûr. Un parcours un peu onirique fait pour lever l'angoisse des nouveaux arrivants.

À côté de l'hôpital, nous avons prévu, comme pour tous les autres projets, le pavillon des enfants qui doit recevoir, dans l'attente des soins, les jeunes malades pauvres venus avec leur famille des provinces éloignées du pays et, bien sûr, de la sous-région. C'est quand même mieux que de les laisser attendre nuit et jour dehors jusqu'à ce que l'on puisse les examiner, car ils n'ont ni portable pour nous appeler ni argent pour aller à l'hôtel. Ces pavillons sont un complément de soins devenu indispensable. De plus, dans notre pavillon, tout est gratuit.

5 décembre 2016. Une décision importante vient d'être prise : la première opération aura lieu le lundi 16 janvier 2017. Malgré les embûches qui ne manqueront pas de se présenter, nous ne reculerons pas. Je le sais d'expérience, maintenir une date butoir oblige à se dépasser.

Lorsque la date est arrêtée, on entre dans un compte à rebours implacable, une course contre le temps. Une série de choses à mettre en place s'accumulent inexorablement. Le choix des premiers malades d'abord, avec une préférence pour des cas peu sévères afin de lancer positivement l'activité. Il faut donc établir le programme opératoire de la première semaine… Je sens une émotion palpable, l'ouverture du centre devient concrète avec ces prénoms et ces visages qui marqueront aussi bien l'histoire de notre hôpital que la mémoire des équipes soignantes.

Théoriquement, il y a des milliers d'enfants cardiaques en attente d'une opération, c'est la raison même de la création de ce centre. Pourtant, quand on demande la liste des jeunes patients aux Sénégalais, on obtient à peine une centaine de cas… Selon mon ami le professeur Bara Diop, cardiopédiatre du CHU, deux raisons majeures expliquent ce déficit de patients : d'une part, la plupart des familles des enfants malades du cœur ne connaissent pas l'existence du centre ; d'autre part, elles n'ont pas été renseignées sur la gratuité possible des soins en cas d'indigence.

Faut-il faire un appel général de grande échelle pour les en avertir par l'intermédiaire des médias ? La discussion est ouverte avec les médecins et la direction africaine du CHU Fann. Et là débute la phase des « palabres » ! Chacun donne son avis, on discute, on ergote, on confronte les opinions dans un français parfait ponctué de subjonctifs et de métaphores animalières. On est comme envoûté par la langue, l'accent, le rythme, qui créent une ambiance unique et joyeuse… Ces palabres font des Africains de redoutables négociateurs ! Ils jouent contre un temps que nous n'avons pas, ils ponctuent leurs propos de « On verra ! Ça s'arrangera ! » Sont-ce des credo ou des promesses ? Malgré le charme de ces exclamations lancées comme des vœux, notre exigence occidentale s'étonne de ces approximations. Nos heures sont comptées, compressées, limitées. Nous avons besoin de faits, de chiffres, d'efficacité. Finalement, on ne lancera pas d'appel au public. Le sentiment général qui émerge exprime la crainte d'une abondance de demandes auxquelles on ne pourrait pas répondre. Mieux vaut commencer lentement.

La deuxième étape consiste à mobiliser les premières équipes chirurgicales binômes qui opéreront de concert. À l'ouverture, nous continuerons d'aider les équipes sénégalaises en doublant tous les postes. Par mesure de sécurité, cardiologues, chirurgiens, infirmières du bloc opératoire, infirmières de réa et ingénieurs biomédicaux seront épaulés par l'équipe chirurgicale venue de Toulouse. Les meilleurs. Ils devront être sur place une semaine avant le top départ.

En même temps, afin de vérifier l'installation dans ses moindres détails, un minutieux et lourd travail technique est réalisé sous la direction de Dominique Tournay, un anesthésiste français qui, depuis quinze ans, partage toutes nos aventures sénégalaises, toujours proche du professeur Oumar Kane, lui-même anesthésiste-réanimateur. Tous deux sont devenus les hommes clés du projet. Ils regardent, ils mesurent, ils testent chaque appareil, avec un soin particulier pour les trois éléments vitaux d'un hôpital : l'électricité, l'oxygène et l'eau. L'angoisse monte. Chacun est à l'affût, et se demande d'où viendra l'embûche et quelle en sera la nature. De toute façon, il faudra y faire face. En réanimation, Dominique et Oumar simulent des arrêts cardiaques en massant avec vigueur un polochon devant les jeunes infirmières ébahies.

On entre bientôt dans le vif du sujet avec une première complication : l'hôpital ne peut pas commander les médicaments. J'apprends à ma grande surprise qu'il n'est pas libre de ses achats, il est soumis à une codification d'appels d'offres publics qui porte sur les médicaments et les consommables. Le 7 décembre, je contacte le directeur de l'hôpital pour prendre une décision. Il m'explique calmement que la réponse de l'appel d'offres tombera, au mieux, le 31 janvier... Dans ces conditions, impossible d'ouvrir dans les premiers jours de l'année ! Je raccroche, catastrophé. Je me ressaisis vite, car l'expérience me dit qu'il y a sans doute une solution, et qu'elle n'est pas à chercher dans une réponse ou un modèle standardisés... Avec Francisco, nous décidons donc de commander médicaments et produits nécessaires par l'intermédiaire de La Chaîne de l'Espoir à Paris et d'acheminer le matériel à Dakar par bateau... Débute alors une série de réunions improvisées pour organiser au mieux cet acheminement : listing des besoins pour une centaine de malades, exigences du transporteur, *dead line* à respecter... Il faut, de plus, s'assurer en urgence de l'exonération de frais de douane, et ce par décret ministériel sénégalais. Si nos médicaments étaient taxés, leur prix deviendrait prohibitif. Combien de temps le transport va-t-il prendre ? Il nous faut le matériel dédouané sur place pour le 5 janvier au plus tard. Arrivera-t-il à temps ?

Comment maîtriser les paramètres et les anticiper tous ? L'ouverture d'un hôpital est un cycle infernal jonché d'obstacles que nous devons sans cesse contourner. D'autres imprévus vont surgir...

En effet, le suivant ne tarde pas à se présenter. Cette fois, c'est un problème d'oxygène. A priori, tout était censé être super organisé de ce côté-là. Une machine à produire de l'oxygène devait être livrée le 8 décembre. Malheureusement, au jour dit, je reçois un appel de la direction de l'hôpital, et l'information tombe comme un couperet : la machine ne sera pas livrée avant janvier ! Grâce à notre habitude de bâtisseurs, nous avions anticipé cette éventualité dans notre installation de tuyauteries. D'avance, nous étions parés pour ce cas de figure par l'utilisation possible de bouteilles d'oxygène. Recul en termes de technologie, certes, mais la méthode est fiable, même si elle demande tout de même au personnel une petite manipulation et une rapide adaptation. Pour être parfaitement sûrs, car aucun risque ne peut être pris sur un tel sujet, on envoie à Dakar le jour même un ingénieur biomédical qui supervisera l'ensemble.

Après les fêtes de Noël, nous avons la bonne surprise de voir arriver les médicaments et les consommables plus tôt que prévu. Se pose alors un nouveau problème : où va-t-on les stocker ? Il est ici question de conteneurs entiers qui regorgent d'une quantité énorme de produits… Pour gérer cette masse, il faut de la formation et de l'expérience. De plus, il y a urgence, certains médicaments doivent être conservés au frais, et aucun ne doit rester en libre accès… au risque de disparaître rapidement. Il y a pour plus de deux cent mille euros de matériel à stocker dans des espaces dédiés de l'hôpital et à garder sous surveillance permanente. Bref, il faut envoyer quelqu'un sur place, un responsable du tri et de la sécurité. On recrute depuis Paris un Allemand d'une soixantaine d'années qui se présente à La Chaîne, et nous semble avoir le profil idéal. Friedrich paraît posséder l'expérience nécessaire, il connaît l'Afrique pour être allé au Rwanda et en Angola, il est empreint d'une rigueur germanique et sa façon de glisser quelques mots allemands dans son français hésitant a stupidement achevé de nous convaincre. En quelques heures, le voilà parachuté à Dakar où il prend son rôle très à cœur, au point de dormir sur place, entouré de médicaments et de compresses ! Durant ses huit jours de garde, il se montre irréprochable, si ce n'est ses hurlements compulsifs en allemand et en français sur les Sénégalais pour maintenir l'ordre, qui finissent par agir sur les nerfs du personnel !

Nous voilà le 10 janvier, une semaine avant l'ouverture. Toute l'équipe chirurgicale arrive de Toulouse. En première ligne, celles que je nomme « les rangeuses » – les infirmières, Caroline et Annie du bloc, Delphine, Pauline, Agnès, Carole, Coralie, Christelle et Julie en réa –, plus deux surveillantes, Geneviève et Aline, expertes en hygiène et en propreté. Ces tornades vont sans relâche, avec un professionnalisme et une efficacité inégalés, tout nettoyer, ranger, ordonner, étiqueter afin que le matériel soit positionné pour une utilisation optimale.

Avec leur arrivée, l'hôpital se met à grouiller d'une vie nouvelle. Rangement et nettoyage s'enchaînent dans un ballet ininterrompu durant six jours. Même si quelques infirmières locales se joignent à nos rangeuses de choc, les Sénégalaises sont paralysées devant ce savoir-faire énergique et maîtrisé… Il est vrai qu'elles sont en présence de professionnelles hyperqualifiées : il n'y a qu'à les regarder faire pour apprendre. Chères Caroline, Anne, Delphine Pauline, Geneviève, Aline – et je n'oublie pas l'infirmier, Mathieu ! –, vous avez pris sur votre temps de repos pour venir imposer l'ordre, le classement et la propreté, et même passer le balai ! Vous méritez tout notre respect. Mine de rien, ce travail constitue la base du fonctionnement de l'hôpital, sans cela aucune opération ne serait possible. C'est un chaînon de l'ombre, chaînon ingrat mais capital.

Pour ma part, j'arrive à l'hôpital le samedi au matin, deux jours avant la première opération. J'admire les armoires bien rangées, les produits parfaitement étiquetés, je constate bouche bée l'étendue du travail abattu. Magnifique, l'hôpital est fin prêt. Maintenant, il va falloir se montrer à la hauteur du projet et de tous les engagements qui l'ont rendu possible.

Avec le directeur de l'hôpital, Tako Diop, qui a l'œil à tout, nous consacrons la journée du samedi à des réunions pour nous assurer de la bonne marche des protocoles et des installations. La première réunion porte sur l'électricité, je me retrouve entouré de personnages en costume bleu, techniciens d'une société sénégalaise, mais aussi de l'ingénieur de Toulouse et d'une poignée de médecins. On simule des pannes pour observer l'état de fonctionnement du générateur. Il est censé s'actionner cinq secondes maximum après la coupure. Bonne nouvelle : il se met en route après trois secondes à peine, il est en parfait état de marche.

On teste ensuite les onduleurs, ces machines qui servent à éviter les à-coups de tension. À Dakar, en moyenne, trois pannes d'électricité surviennent chaque jour. Quand le courant revient, il crée une surtension qui peut détruire instantanément tous les appareils électriques, voilà pourquoi on place des onduleurs derrière chaque appareil. Là encore, tout fonctionne à merveille.

La deuxième réunion est consacrée à l'oxygène. Là, les choses tournent moins bien, des fuites sont rapidement constatées : sans aucune activité, certaines bouteilles, branchées sur les canalisations, se vident, révélant une faille quelque part. Il nous faut alors en trouver l'origine en isolant chaque tuyau et en vérifiant la pression d'oxygène sur tout le circuit.

La troisième réunion porte sur le rangement… Mais avec l'organisation toulousaine, la moindre remarque serait malvenue : tout est parfaitement rangé et en ordre.

Durant la dernière réunion, il s'agit d'établir le programme opératoire. La première enfant opérée sera Saïda, une petite fille de deux ans au canal artériel persistant. Puis viendra Mohamadou, un garçon de douze ans, qui souffre d'une communication inter-auriculaire, tout comme Oumar, sept ans, le troisième opéré. Bientôt, les premiers petits patients, accompagnés de leur famille, investissent peu à peu l'hôpital, lui donnant en quelques instants toute sa raison d'être.

Le soir venu, j'organise un dîner de poisson au bord de la mer pour réunir l'équipe de Toulouse et quelques médecins et infirmiers locaux… Il faut des moments de partage comme celui-là pour souder les équipes. Bientôt nous rejoignent autour de la table l'anesthésiste Bruno Bourdarias, de Bordeaux, et le chirurgien Gérard Babatasi, de Caen, mon vieux compagnon de route à l'allure de héros moderne. L'équipe est au complet. L'ambiance joyeuse et sympathique me grise un peu, et je me risque à proposer une sortie après dîner… Les rangeuses froncent les sourcils et me rétorquent d'une seule voix :

– Vous n'y pensez pas, monsieur Deloche, demain c'est renettoyage !

*

* *

Lundi 16 janvier au matin. C'est le jour J. Tout est en place, il n'y a plus qu'à entrer dans la salle d'op' et à mettre en œuvre le projet qui nous a menés jusqu'à ce jour : soigner, guérir, sauver les enfants malades du cœur.

Alors que je prends mon café dans la salle de réunion, l'anesthésiste vient me voir et me lance d'une traite :

– C'est curieux, mais on pense que la petite Saïda, en plus de son canal artériel persistant, a une hernie diaphragmatique.

Il s'agit d'une anomalie du diaphragme qui produit une hernie de l'estomac dans le thorax… L'anesthésiste me demande timidement :

– On annule ?

– Oui ! On ne va pas opérer un mouton à cinq pattes pour une première ! Comment se fait-il que l'on n'ait pas détecté cette hernie ?

Malgré mon étonnement et ma contrariété, je me reprends et me remobilise, je ne veux pas me laisser démonter par cet imprévu. On passe donc au numéro deux, Mohamadou. Toute l'équipe est sur le qui-vive, il y a du monde partout ; un peu trop, même… L'anesthésiste, terriblement gêné, s'approche de moi et me souffle dans un faible filet de voix :

– On n'a pas de sang, l'enfant est du groupe A rhésus négatif.

Le groupe le plus rare au Sénégal ! La banque de sang n'en a qu'un seul flacon, ce qui ne sera pas suffisant pour l'opération. Il faut en trouver davantage, et vite.

Le premier patient annulé, le deuxième problématique… Tout cela démarre très mal et manque de rigueur. Mais bon, je me raisonne : c'est une ambiance de première où la seule chose prévue est que rien ne se déroule comme prévu.

Une heure passe, puis deux... Tôt le matin, les équipes étaient prêtes, maintenant chacun traîne, se relâche... Trois heures, puis quatre... À 16 heures, enfin, on obtient un second flacon de sang A rhésus négatif. Mais je sens bien que les Sénégalais veulent repousser l'opération au lendemain, il est déjà tard, et qu'est-ce qu'une journée va changer ? Opérer aujourd'hui ou demain, quelle différence ? C'est à moi de décider, et de témoigner d'une volonté claire et irrévocable.

– On opère maintenant.

Et j'ajoute malicieusement à la cantonade :

– Si vous ne voulez pas, moi je la fais !

Nous voilà enfin partis pour l'opération, premier cœur ouvert à Dakar ! Aux manettes : Gérard Babatasi aidé par Gabriel Cissé, de l'équipe franco-sénégalaise. Et à la pompe, Sylvain Faur, de Toulouse. Nous sommes tous anxieux, évidemment, mais faisons bonne figure. Pour rajouter à notre stress, une imposante caméra retransmet en direct les images de la salle d'opération à la salle de réunion. Je sais qu'un monde fou est collé devant l'écran pour suivre les moindres gestes du chirurgien, ils s'agglutinent même derrière les fenêtres de la salle de réunion, et je crois bien que parmi eux se trouve toute la famille de Mohamadou. Une opération en direct et en public pour une première, sacré challenge ! L'assistance suit l'intervention et vibre à toutes les étapes : le cœur est arrêté, suspense général, le cœur repart, soulagement de tous. Dès la fin de l'opération, j'appelle Elena à Monaco pour partager avec elle l'événement.

Auparavant, les grands bonheurs de Mohamadou étaient la pratique des arts martiaux, le taekwondo en particulier, et le football, bien entendu, si populaire en Afrique. Il avait dû arrêter le taekwondo, son cœur ne le supportait pas, et sa faiblesse générale ne lui permettait plus vraiment de s'intéresser aux compétitions… À son réveil, la première question de Mohamadou est pour le score du match de la Coupe d'Afrique Sénégal-Tunisie qui s'est déroulé pendant l'opération. Le Sénégal a gagné deux à zéro. Mohamadou est triplement ravi : pour le succès de l'opération, pour la victoire de son pays et pour la reprise prochaine de son entraînement au taekwondo.

Le but est atteint. L'accomplissement de deux ans de travail ! J'ai déjà connu ce moment exaltant où le navire prend la mer, mais on ne s'en lasse jamais.

Et déjà il faut préparer le lendemain. Il est tard, et le rythme est intense pour les Sénégalais : certains habitent à trois heures de route de l'hôpital ! Mais le travail n'est pas terminé. On s'y met, tous ensemble, conscients de notre responsabilité. L'anesthésiste nous apprend que la radio de Saïda a été refaite et se montre tout à fait normale : la petite souffre bien d'un canal artériel persistant, mais aucune hernie diaphragmatique à l'horizon… L'erreur est venue d'une mauvaise interprétation de la radio. On programme donc l'opération de la petite pour le lendemain après-midi, elle sera précédée de la communication interauriculaire déjà prévue.

Le lendemain matin, la première opération de la journée à cœur ouvert pratiquée sur le petit Oumar se déroule normalement. L'après-midi, c'est au tour du fameux canal artériel de Saïda. Et là, si le geste chirurgical ne pose aucun problème, c'est la technique qui défaille ! Certains onduleurs ne s'enclenchent pas, mettant en danger toute notre installation électrique. Le problème est vite réglé, mais à la surprise générale, les pannes électriques révèlent un nouveau problème : Friedrich. Notre gardien allemand a disjoncté avec le circuit ! Les pannes électriques à répétition l'ont poussé à bout. Il s'est mis à courir le long des couloirs de l'hôpital en hurlant « Ça va sauter ! » et il surgit dans la salle d'opération en nous criant de tout arrêter !

Visiblement, il se trouve en état de panique avancé. On ne sait pas trop s'il faut en rire ou s'inquiéter… Nous réussissons pourtant à le calmer et l'opération se poursuit. Le canal artériel de Saïda est fermé, puis réunion en urgence de toute l'équipe technique pour une étude exhaustive des onduleurs. Là encore, le problème, mineur, est vite résolu : il fallait simplement dévier les circuits. En revanche, le cas Friedrich est plus délicat : il faut le rapatrier en France d'urgence.

Après cette journée forte en émotions, je retourne à l'hôtel, fatigué mais rassuré. Dans la soirée, je vais tranquillement manger une pizza avec Gérard Babatasi. À 21 heures, notre repas est interrompu par un coup de fil alarmant de la réanimation : notre deuxième opéré, Oumar, le « cœur ouvert de ce matin », va mal, il a une saturation d'oxygène à quarante, alors qu'elle atteint cent en temps normal. On se demande d'emblée si les bouteilles d'oxygène ne sont pas défaillantes, mais le technicien, contacté à la hâte, nous assure que non. Après avoir éliminé la question technique, il faut s'occuper de l'aspect médical. Du haut de son expérience, Gérard me lance :

– Il y a un loup… Faut retourner immédiatement à l'hôpital et appeler toute l'équipe !

Sinon nous savons, Gérard et moi, que nous risquerions de ne pas retrouver notre petit patient le lendemain matin.

Une échographie est aussitôt refaite et l'on constate un flou au niveau de la veine cave inférieure. Devant les Sénégalais stupéfaits, nous décidons de réopérer Oumar sur-le-champ. Il est 23 heures, l'équipe est revenue, l'hôpital se remet en marche… À Dakar comme ailleurs, la chirurgie, c'est de jour et de nuit. On détecte le problème assez rapidement : le drainage sur la veine cave inférieure se fait mal, le sang n'est pas bien oxygéné. C'est une forme de malfaçon : le patch pour séparer les oreillettes du cœur n'a pas été parfaitement posé, une partie du sang de la veine cave se déverse dans l'oreillette gauche. La cause est identifiée, il faut réopérer. C'est cela la chirurgie cardiaque : savoir gérer les imprévus et décider du geste grave et juste.

À 3 heures du matin, la nouvelle intervention est terminée, l'enfant est sauvé. L'équipe, épuisée, demande si les opérations du lendemain auront quand même lieu… Bien sûr ! Mais pour motiver les troupes… on décale d'une heure le début de la journée.

À la suite de ces deux premiers jours, la semaine s'est déroulée sans accroc. Au bout du compte, le bateau était prêt pour la tempête, il venait d'en traverser brillamment quelques-unes. Aujourd'hui, chaque jour plusieurs enfants sont opérés au centre de cardiopédiatrie.

*
* *

Peu après l'ouverture, Elena Cuomo, aux allures de princesse, est venue visiter les installations et je crois qu'elle a été profondément émue de voir nos forces concentrées, nos enthousiasmes et nos espoirs entrer dans la réalité. Et si nous n'avions pas changé le monde, nous avions, ensemble, sauvé des enfants dont les sourires reconnaissants l'ont bouleversée.

Un peu plus tard, Youssou N'Dour est venu à son tour à l'hôpital, non pas pour chanter mais pour embrasser les petits opérés. Youssou est une sorte de grand prêtre en Afrique, et chacune de ses sorties publiques est à la fois remarquée et attendue. Cette présence dans les couloirs de l'hôpital, c'était l'âme africaine qui chante pour l'espoir et se bat pour la vie venue se mettre au service des enfants. Youssou était ému de voir le travail accompli, profondément touché de serrer dans ses bras l'avenir de l'Afrique : une enfance soignée, réparée, remise sur pied. Une enfance prête à vivre désormais le cœur battant.

– 7 –

# LE LONG CHEMIN DE BAMAKO

Le Mali a mis à l'épreuve mon acharnement de façon lancinante et dans la durée. Mais l'acharnement reste peut-être la plus grande qualité d'un humanitaire ! Garder l'espoir même quand la spirale de l'échec l'emporte, même lorsqu'on se heurte encore et toujours aux mêmes murs, aux mêmes refus, aux mêmes difficultés. Pour moi, le Mali est le symbole de cette foi que l'on doit conserver intacte pour parvenir à son but. Le Mali, dans mon esprit, c'est une leçon de vie…

Mon histoire avec ce pays a commencé il y a longtemps… en 1989. J'y ai fait mon premier voyage pour une mission de chirurgie cardiaque avec Médecins du Monde sur la demande d'Abdel Karim Koumaré, un chirurgien thoracique particulièrement doué, brillant et rapide. Je l'avais rencontré à Paris, alors qu'il suivait un stage de chirurgie cardiaque. Il m'avait demandé de venir à Bamako afin de voir ce qu'on pourrait mettre en place pour aider la population. Bien sûr, on pensait déjà à la chirurgie cardiaque, on rêvait déjà de pouvoir un jour soigner les cœurs sur place.

Je me suis rendu au Point G, hôpital phare du Mali, construit sur la colline du même nom qui domine Bamako. Ce grand établissement est encore un vestige colonial bâti et tenu par des militaires, puis maintenu par la coopération française. Une machine énorme et quasi ingérable de plus de huit cents lits…

Je me souviens de ce premier contact. Une foule était réunie pour la consultation. J'avais devant moi tous les maux de l'Afrique : cancer du sein ulcéré, énorme goitre, fistules vésico-vaginales… En fin d'après-midi, le cardiologue de l'hôpital vint me solliciter : il voulait me soumettre un cas qui le préoccupait.

Fatou était assise au bord de son lit. C'était une jeune fille d'une quinzaine d'années au visage fin et délicat. Son état laissait supposer le pire : elle transpirait abondamment, suffoquait, recherchait désespérément son souffle et ses narines pincées étaient en perpétuel mouvement. En me montrant la radio, le cardiologue me dit :

– Rétrécissement mitral très serré, les diurétiques n'agissent plus, elle est en œdème permanent.

Une valve du cœur était gravement atteinte.

– Alain, cette gosse est en grand danger, précisa Koumaré. Son rétrécissement est extrême… Notre seule chance, c'est de la dilater au doigt… On peut le faire ensemble.

Koumaré savait comme moi que cette opération avait été couramment pratiquée jusque dans les années 1970. En effet, la vieille technique du doigt, premier geste de la chirurgie cardiaque naissante, était une opération simple mais délicate qui consistait à introduire l'index dans l'oreillette gauche pour ouvrir l'orifice rétréci.

En fin d'après-midi, nous avons organisé une courte réunion technique, Koumaré, l'anesthésiste et moi. On passa en revue les manques : ni défibrillateur ni scope.

– On y va demain matin !

Le lendemain, une douzaine de personnes étaient présentes dans ce petit bloc rendu torride par l'absence de ventilation. Fatou fut endormie, je pris place sur le côté gauche de la table d'opération, juste au-dessus du cœur de l'adolescente. Koumaré me faisait face.

Je saisis le bistouri. Silence absolu. Seul bruit perceptible : le sifflement du ballon en caoutchouc qui assurait la ventilation pulmonaire de la jeune fille. Tous les regards étaient rivés sur le champ opératoire, j'avais l'impression de réaliser une grande première ! La lame du bistouri dessina une courbe rouge sous le sein gauche de Fatou ; à l'aide des pinces et des ciseaux, je disséquai les tissus, puis incisai les muscles qui retenaient les côtes entre elles.

– Écarteur.

Je pénétrai dans le thorax, j'écartai le poumon gauche de la main et découvris le péricarde, l'enveloppe blanchâtre du cœur. Tous les observateurs étaient médusés, fascinés de voir une opération aussi improbable se dérouler sous leurs yeux. J'ouvris l'auricule gauche du cœur. À sa base, une pince arrêtait tout saignement. À travers l'orifice, j'introduisis mon index droit jusqu'à l'obturation hermétique de l'incision. Lentement et à l'aveugle, je poussai mon doigt dans l'oreillette, à environ trois ou quatre centimètres. Mon index était muni, à la base également, d'un petit tourniquet qui empêchait le sang de se répandre à l'extérieur. J'étais maintenant au contact de la valve aux voiles accolées incapables de s'ouvrir. Je me tournai vers Koumaré :

– C'est très serré...

J'avais du mal à avancer le doigt dans la valve, mais encore un effort et mon index s'enfonça, me procurant la sensation étrange, et un peu angoissante, de la déchirer... et l'orifice s'élargit comme un tissu dont on ferait craquer les coutures. Ma pression progressive ouvrit totalement cette valve qui pouvait désormais laisser passer tout le flux sanguin.

Koumaré était visiblement ému, sa main tremblait légèrement, je l'encourageai à mettre son doigt, je guidai sa main droite, son index s'enfonça de cinq centimètres. Il confirma la parfaite dilatation.

Je suturai rapidement l'incision à la base du cœur, quand soudain celui-ci s'arrêta quelques secondes : le muscle hésitait à retrouver son rythme normal. S'il cessait de battre plus longtemps, je n'avais aucune parade. Un instant, je pus craindre un arrêt cardiaque définitif.

– Du calcium en intraveineuse et transfusion. Vite !

Penché sur le thorax ouvert, je guettai les mouvements du cœur. Mes tempes battaient, sous mes gants je sentais la transpiration de mes doigts, des secondes interminables s'écoulèrent… Puis le cœur repartit et le rythme cardiaque se stabilisa. Gagné ! Restait à refermer le thorax et à surveiller la réanimation.

Je retirai ma casaque, mes gants, ma bavette. Pari tenu ! Intervention simple, peu coûteuse, et surtout efficace. Dès le lendemain, Fatou était transformée, calme, sereine, elle respirait normalement.

Cette première opération de chirurgie cardiaque au Mali a été connue dans le pays, racontée, commentée, elle est même devenue légendaire avec le temps ! Forts de ce succès, Koumaré et moi avons commencé à dresser un plan de formation à la chirurgie cardiaque pour les médecins maliens. Hélas, malgré notre détermination et notre enthousiasme, ce projet ambitieux n'eut pas de suite… Au Point G, il n'y avait ni argent ni service approprié.

Pendant plusieurs années, j'ai continué de faire quelques petites missions ponctuelles, je soignais et aidais comme je pouvais. De cette époque, je garde le souvenir de Moussa, un petit garçon de huit ans qui venait du Nord Mali. En raison d'une malformation cardiaque, il ne pouvait plus marcher et cherchait son souffle, même allongé. Il était venu avec son père qui s'était précipité à l'hôpital de Bamako aussitôt qu'il avait appris ma venue. Le père et l'enfant malade étaient restés jour et nuit devant le bureau jusqu'à ce que j'examine le petit... Tout portait à refuser l'opération en raison de la gravité du cas. Mais je n'ai pu soutenir longtemps le terrible regard de l'enfant et sa détermination. J'ai décidé de le faire venir à Paris, et après une longue opération à cœur ouvert – et probablement un miracle – il est retourné à Bamako quasiment guéri.

Fut-ce lors de cette mission ou d'une autre que je fis une rencontre qui me marqua si profondément ? Un cardiologue m'avoua qu'il en était réduit, pour vivre, à vendre des œufs sur les marchés ! Dans son métier, la médecine, il était démuni, et réduit à l'impuissance : il n'avait même plus de papier pour son électrocardiogramme... Au Mali, tout semblait bloqué et reflétait un désespoir absolu. Pourtant, optimiste forcené, je gardais toujours de belles espérances dans la tête...

Vers 1995, le professeur Mamadou Diarra, éminent cardiopédiatre, sollicita La Chaîne de l'Espoir pour opérer et accueillir des enfants en France. Je décidai de lui rendre visite à Bamako, et ce fut une révélation : je me trouvais face à un cardiopédiatre extrêmement doué, formé en France, plein de bonne volonté et pétri de grands projets. Diarra aurait eu mille possibilités de rester en France, mais il avait choisi de retourner au Mali pour participer au développement de la médecine africaine. Ce qui me frappa le plus chez cet homme, c'était sa volonté sans faille couplée à une absolue certitude d'avoir pris le bon chemin. C'était un acharné et un optimiste, il voulait faire sortir de terre la médecine africaine. Alors que je tergiversais, lui, il fonçait tête baissée, avec sa besace de projets et d'idées en bandoulière. Dès mon premier contact je le pressentis : cet homme compterait parmi ceux qui feraient évoluer les choses.

Bien après, en 2000, le centre hospitalier de Diarra – la clinique Mère-Enfant du Luxembourg – fut inauguré à Bamako : une nouvelle dynamique se mettait en marche. Cette clinique, financée par des dons venus du Grand-Duché, était de gestion privée, mais d'utilité publique. En tout cas, elle était alors en lien avec le chef de l'État, Amadou Toumani Touré, et son épouse.

Lors d'une visite à Paris du couple présidentiel malien, je fus invité à venir le rencontrer dans un petit hôtel sans prétention, face à la gare Montparnasse. Je fus reçu plus que chaleureusement, ils me demandaient de venir au Mali pour opérer dans la nouvelle clinique. Ils insistèrent, ils insistèrent tellement que je finis par promettre de m'y rendre au plus vite... Je ne savais pas à quoi je m'engageais.

Lorsque je découvris la clinique du Luxembourg, je fus plutôt impressionné. J'assistai aux consultations de Diarra et le système semblait bien fonctionner. Hélas, les bonnes intentions ne suffisent pas : sur le plan technique, l'indigence était criante. Impossible de tenter des opérations du cœur dans ces conditions.

Que manquait-il ? Un investissement considérable pour transformer la clinique en plateau technique performant. Un vague projet se mit en place, mais il périclita rapidement et rien ne se fit. Parallèlement, l'hôpital du Point G se délabrait, ses murs se fissuraient en raison des infiltrations d'eau et d'un entretien déficient.

Les années passèrent… Tous les grands projets maliens restaient au point mort. Une routine efficace s'était tout de même mise en place : Diarra nous envoyait chaque année une petite trentaine d'enfants, et lui, de son côté, poursuivait son travail à la clinique du Luxembourg, qui devint rapidement le centre de référence du Mali pour les enfants cardiaques. Nous, à La Chaîne de l'Espoir, nous le soutenions, l'encouragions, l'aidions comme nous le pouvions, en lui offrant notamment du matériel.

Nouveau grand projet en 2008 : la construction d'un Institut du cœur au Mali. Rien de moins ! En tant qu'expert, je fus invité en grande pompe à poser la première pierre de ce futur centre médical, et l'entreprise paraissait bien partie. En effet, les architectes avaient dressé des plans et le financement était garanti par le président Touré. L'Institut devait être construit sur un plateau au-dessus du Point G, bénéficiant d'un panorama somptueux. Une vague d'enthousiasme et d'emballement m'entourait et m'emportait. J'avais la certitude qu'on touchait au but : bientôt, les enfants cardiaques du Mali pourraient être soignés dans leur pays.

Je me trompais. Le 22 mars 2012, le président Amadou Toumani Touré était renversé par un coup d'État. Tout était à refaire.

Pendant toutes ces années, je suis resté en contact étroit avec Koumaré. Il se montrait très abattu par l'immobilisme de son pays, il était déprimé par sa propre impuissance et le manque de soutien. Il venait parfois me voir à Paris, et nous allions dîner dans un petit bistrot où nous avions nos habitudes. Il m'interrogeait et je lisais dans son regard l'incompréhension et le désarroi.

– Pourquoi les associations humanitaires investissent-elles au Cambodge et au Vietnam, et pas au Mali ? Pourquoi trouve-t-on de l'argent pour Kaboul et pas pour Bamako ?

En fait, réalité brutale que je peinais à formuler, les grands mécènes ne croyaient que peu à l'Afrique. Lorsqu'on évoquait tout de même ce continent, on parlait des grands fléaux, des pandémies, des soins de santé primaires ou des problèmes de nutrition. On parait au plus pressé ! Les enfants cardiaques maliens, ce n'était pas l'urgence. Ils n'intéressaient personne. Le thème n'était pas « vendeur » en termes médiatiques.

Mais le désespoir de Koumaré me touchait. Alors, je suis reparti au combat pour construire une structure plus simple au sein de la clinique du Luxembourg, le fief de Diarra. Je suis allé quémander de l'argent partout, à l'Élysée, au Quai d'Orsay, auprès des puissants bailleurs de fonds, Bouygues, Bolloré, les grands laboratoires pharmaceutiques… Je cherchais à les sensibiliser à la nécessité d'un développement médical sur place. Rien.

En 2012, je décidai de faire un nouveau voyage au Mali. Dernier voyage, dernière tentative. Les plans de la clinique du Luxembourg furent repris, retravaillés, modifiés, j'essayais de mettre sur pied un projet plus ramassé, plus réaliste, moins coûteux. À cette occasion, je découvris un nouveau venu : l'hôpital chinois ! Le dernier né des hôpitaux, implanté dans un quartier nouveau de Bamako… Dans cet établissement flambant neuf, tout était *made in China*, et pas seulement le matériel : le directeur africain parlait chinois, les médecins locaux avaient été formés à l'hôpital militaire de Pékin, une interprète assurait la communication entre médecins et malades… J'avais l'impression de pénétrer dans une autre dimension : la Chine à Bamako ! Je me sentais un peu perdu. Que faisais-je ici ? Ce pays avait-il encore besoin de moi ?

Lors de ma rencontre avec les instances de l'hôpital chinois, tout le monde se montra ouvert, accueillant, à l'écoute, on me proposa même d'implanter l'Institut du cœur dans ce nouvel hôpital. Mais au retour en

France, je fis le même constat que d'habitude : j'ai les espaces nécessaires, les énergies indispensables… mais pas d'argent !

J'avais d'autant moins d'argent que, durant cette même période, la folie djihadiste achevait de décourager la moindre velléité d'investissement. Doit-on s'en indigner ? J'ai vu moi-même l'atmosphère se modifier à Bamako, tout était désormais indéniablement de plus en plus dangereux et l'hôtel où je descendais là-bas s'était transformé au fil des années en véritable forteresse : aucune voiture n'avait l'autorisation de s'en approcher, les forces spéciales françaises et belges avaient investi le cinquième étage et deux postes de mitrailleuses se terraient dans les buissons près de l'entrée. Mauvais signes…

Bref, je n'avais plus d'option, je ne savais plus vers qui me tourner et j'étais très gêné vis-à-vis de mon ami Diarra. Ses malades se multipliaient, la seule voie de sortie qui lui était proposée consistait à envoyer quelques chanceux en France, en Belgique, en Suisse, où il pouvait… Il continuait de se battre mais moi, je ne voulais plus faire de promesses. Pour moi, le Mali, c'était fini et bien fini. Au moins, j'avais essayé…

*

* *

En 2013 s'ouvrit pourtant un nouvel épisode de ma course folle. Je fus convoqué à l'Élysée par Valérie

Trierweiler, alors première dame. Elle revenait d'une visite officielle au Mali et me demandait de prendre en charge trois enfants cardiaques rencontrés lors de son voyage. D'une manière plus générale, elle avait été ébranlée par la situation médicale de ce pays et elle voulait savoir ce qu'on pouvait pour lui…

C'est ainsi que je me suis retrouvé à parler de la misère sous les dorures de la République, entouré des divers conseillers – le conseiller Afrique de François Hollande, le conseiller particulier de la première dame, et d'autres personnages très importants –, qui se pressaient dans notre réunion arrosée de champagne et agrémentée de petits-fours… Le Mali m'aurait décidément fait côtoyer les puissants, mais jusque-là sans succès, il faut bien l'avouer.

C'est pourquoi, au lieu de réitérer mon discours habituel sur l'Institut du cœur, et dûment alerté par les doutes de Diarra, je jugeai prudent de proposer une solution plus accessible et à des coûts réduits.

– Il faut un plateau technique pour Diarra ! Un bloc opératoire, une réa, tout ce qui peut lui permettre d'opérer sur place.

La première dame trouva l'idée brillante et me pria de revenir la semaine suivante avec un projet bien établi. Huit jours plus tard, j'étais de retour à l'Élysée, triomphant, avec un nouveau plan budgété à un million sept cent mille euros. Je présentai fièrement mon dossier, non sans un certain sens théâtral, galvanisé par la certitude de toucher enfin au but.

– Madame, voilà. Avec ça, on peut sauver des enfants !

Le projet était lancé, elle donna des ordres de toutes parts, organisa des rencontres avec des personnes influentes, appela l'Agence française de développement… Je me remettais à y croire !

Dans la foulée, je pris quelques rendez-vous qui ne se révélèrent pas très encourageants, notamment avec un grand financier qui m'écouta poliment et me lança, glacial :

–Vous aurez de mes nouvelles.

J'attends toujours.

Et puis, comme un coup de tonnerre, alors que l'on commençait tout de même à amasser quelques fonds, Valérie Trierweiler fut répudiée du jour au lendemain.

Avec son départ sombrait mon espoir.

J'essayai quand même de maintenir le cap, de conserver ma ténacité, mais à y regarder de plus près, il y avait quelque chose de mystérieux qui résistait, dans ce projet…

Un nouveau chapitre de mon épopée malienne s'ouvrit un peu plus tard, lorsque Diarra fut nommé médecin officiel d'Ibrahim Boubacar Keïta, le nouveau président du Mali. Ce cardiopédiatre jouissait désormais d'une réelle influence politique. D'ailleurs, à Paris, il me présenta le président… Et je m'entendis répéter, encore une fois, mon discours bien rodé sur l'Institut du cœur… Je sentis Diarra un peu contrarié, il n'imaginait pas le centre ailleurs qu'en sa clinique du Luxembourg, il ne croyait pas à la faisabilité d'un grand établissement à construire entièrement. En revanche, le président était enthousiaste. Il me remercia chaleureusement et m'invita au Mali… Mais finalement rien ne se fit, et les enfants cardiaques de ce pays continuèrent de venir en France pour se faire soigner.

Plusieurs fois j'avais tenu l'Institut entre mes mains, et à chaque fois l'échec avait fait capoter les plus beaux projets. J'étais un Sisyphe qui pousse inutilement son rocher, puisqu'il retombe toujours. Mais le Mali, c'est un cycle d'acharnement ! À chaque échec, je disais « C'est fini », mais le projet continuait de m'obséder. À croire que le destin, la fortune disait-on autrefois, me mettait à l'épreuve…

*

* *

20 janvier 2015 au matin. À La Chaîne de l'Espoir, tout le monde s'affaire dans les bureaux, le téléphone commence à sonner, une journée ordinaire s'annonce.

Au service marketing, Fabienne décroche le combiné…

– Bonjour, je suis madame Festoc. André, mon mari, vient de décéder, et dans ses dernières volontés, il veut vous aider.

Jusque-là, rien d'exceptionnel. Nous recevons souvent des appels de cette nature. Fabienne se dit que l'association va peut-être recevoir une jolie somme, de quoi alimenter nos caisses, toujours en demande de dons.

– Mon mari voulait que vous puissiez bâtir quelque chose pour soigner des enfants, ajoute la dame au téléphone.

Innocemment, Fabienne répond :

– Merci madame, mais vous savez, pour bâtir, il faut beaucoup d'argent, ce n'est pas si simple…

– Oui, bien sûr, je vous donne deux millions d'euros.

Fabienne reste interdite.

Madame Festoc ajoute avec émotion :

– Il faut se dépêcher, je songe aux enfants…

Après avoir remercié et dit à madame Festoc que j'allais la rappeler, Fabienne sort de son bureau en courant pour venir me prévenir. Je pense aussitôt : « Voilà le Mali ! »

Très ému, je rappelle tout de suite madame Festoc. En quelques minutes, elle me raconte sa vie dans un français saccadé et pointu. Cette dame d'origine vietnamienne a quatre-vingt-quatre ans et tient à ce que les volontés de son mari soient strictement respectées. Elle semble très organisée, méthodique, et souhaite me rencontrer. Elle habite un petit village reculé de Normandie, proche de Livarot, où je me rends avec Jean-Roch Serra, le directeur de La Chaîne.

Lorsque j'arrive dans sa demeure, je sens une atmosphère qui m'est familière, et les origines vietnamiennes de la dame ne sont pas étrangères à ce sentiment. Je remarque aussitôt l'urne contenant les cendres de son mari posée sur l'autel des ancêtres, et il y a de grands portraits de lui partout dans la maison.

Madame Festoc parle du défunt comme s'il était dans la pièce à côté... Elle est prolixe en anecdotes et se met à nous raconter sa vie, leur histoire, qui ressemble à un beau roman, un roman d'amour et d'aventures.

Le défunt, né pupille de la nation, s'était engagé dans l'armée et était parti à dix-huit ans combattre en Indochine où il avait rencontré Ti-San, jeune Vietnamienne analphabète... Ce fut le coup de foudre immédiat. Il rentra en France, gravit les échelons sociaux, et après plusieurs années, parvint à faire venir en France celle qu'il n'avait jamais oubliée. Il monta des entreprises de transport partout dans le monde et se révéla un homme d'affaires particulièrement doué...

Madame Festoc nous apprend ensuite que son mari suivait de très près nos lettres de marketing depuis des années et nous versait régulièrement des sommes relativement importantes.

Je l'écoute parler et je ne peux m'empêcher de penser à la folle suite d'événements qui m'ont conduit jusqu'à elle, à la somme d'incidences qui ont transporté cette femme du Vietnam à la Normandie. Et je songe aux hasards et aux mystères du monde : qu'est-ce qui relie Diarra à Ti-San ?

Elle évoque sa tendance spontanée à aider le Vietnam plus que l'Afrique, bien sûr. Je la rassure, le travail a déjà été fait dans son pays natal. Je lui présente le projet du Mali, et je lui fais visionner des films où Diarra explique ce qu'il fait, sa liste d'attente, son activité à la clinique du Luxembourg, et l'impérieuse nécessité de réhabiliter ce centre hospitalier.

– Cet homme me plaît, conclut-elle.

Et j'ai immédiatement accès à cinq cent mille euros pour débloquer le projet !

Maintenant je suis sûr, j'ai l'argent en main, alors j'appelle Diarra pour l'informer : je ne voulais pas prendre le risque de le décevoir à nouveau. Au téléphone, il me lance :

– Je suis au septième ciel !

Il est temps pour moi de retourner au Mali.

*
* *

Ce séjour décidé avec la certitude de pouvoir enfin avancer concrètement, c'est un peu comme un premier voyage ! C'est comme si je découvrais le Mali avec un œil neuf et serein. Je retrouve les rues pleines de vie, de circulation et de couleurs, d'agitation constante, mais lorsque je me rends à la clinique du Luxembourg, où j'ai tant de souvenirs, je sens une solennité inhabituelle : le planton me salue au garde-à-vous, j'aperçois un groupe d'une cinquantaine d'enfants en tee-shirt blanc qui agitent en rythme des petits drapeaux. Au-dessus d'eux est tendue une grande banderole : « Bienvenue à l'éléphant blanc, espoir des enfants malades du cœur». Je suis très ému, l'Afrique me fait un grand honneur. Car en Afrique, l'animal a une tout autre signification : de l'éléphant blanc, ils passent rapidement au vieil éléphant aux cheveux de la même couleur, l'ancien que l'on vénère pour son savoir et sa sagesse.

J'avance vers le groupe d'enfants, ils m'entourent rapidement. Ils chantent en cadence :

– A-lain-l'élé-phant-blanc-l'élé-phant-blanc…

Parmi eux, je reconnais bon nombre de gamins qui sont venus se faire soigner à Paris. J'embrasse sur le front Aminata que j'ai opérée il y a plus d'un an, certains me présentent fièrement leur cicatrice, une manière pour eux de me remercier, de montrer qu'ils sont guéris : ces thorax balafrés, ils les brandissent comme des preuves de vie. J'avance vers le bâtiment de la direction de l'hôpital, où se trouve une grande partie du personnel. Les femmes d'un côté, les hommes de l'autre. Je serre des mains…

En Afrique on se touche, on s'étreint, on se parle, on rit, c'est la fête. Le malheur rôde, mais la vie domine. Je ne sais plus si je suis un éléphant blanc ou une sorte de bon docteur blanc. En tout cas je ne me sens ni un médecin de passage ni un humanitaire, j'ai plutôt l'impression d'être un ambassadeur de la médecine française… Cette médecine qui a été si présente et si active pendant plus de cent ans en Afrique subsaharienne, cette médecine coloniale qui a apporté ici les bases de la médecine moderne. J'évoque ces grands ancêtres, je grimpe sur leurs épaules, mais ne suis-je pas finalement qu'un petit médecin dans un petit hôpital de secteur, dans un petit quartier, d'une petite capitale, d'un petit pays ? Rien à l'échelle de la planète. Mais j'ai appris en Asie la valeur du symbole. Ici notre action compte.

J'avance encore et en haut du petit escalier qui mène à la direction, Diarra m'attend, drapé dans son boubou blanc. Tout est lumineux chez lui : son sourire, son expression, ses yeux… Il rayonne. Il est désormais plus qu'un médecin, il est devenu une sorte de prophète. Il m'accueille avec une certaine solennité, les bras ouverts, et m'enlace chaleureusement.

Nous montons avec tout le personnel au premier étage où nous nous installons dans une salle de réunion pour une brève cérémonie. Mamadou, adolescent de quinze ans, opéré récemment à Rennes, nous lit un mot de bienvenue officiel dont la gravité contraste avec la musique endiablée qui s'enclenche très vite. Mamadou se lance alors dans un rap étonnant et intense où l'on distingue les mots cœur, vie, espoir… Il chante, il danse, encouragé par les applaudissements de toute l'assemblée. Je le regarde s'agiter avec sa cicatrice, je suis ému par ce retour à la vie. À la fin, tous reprennent en chœur des mots très simples. C'est beau à pleurer.

Il est temps maintenant de se mettre au travail, et Diarra reprend son statut de directeur autoritaire. Il sait ce qu'il veut et, comme à l'accoutumée, tout est parfaitement organisé. Avec Marc Wautier, devenu expert en hôpitaux, j'étale sur la grande table les plans du futur bloc opératoire en présence d'un architecte malien. Il ne s'agit pas de construire mais de réhabiliter. Le projet est acrobatique sur le plan technologique, car nous ne disposons pas d'un grand espace. Nous faisons toutes sortes de simulations, découvrons les sous-sols, les nappes phréatiques, les contraintes techniques, les normes internationales… Nous sommes en train de faire basculer la clinique du Luxembourg dans le XXI^e^ siècle. Il faut tout prévoir : l'oxygène, l'électricité, l'air conditionné, sans oublier les règles architecturales pour simuler le fonctionnement futur, y compris des circuits informatiques. Puis, lorsqu'on évoque les équipements, je sens chez tous ces médecins africains une joie profonde, une excitation : ils vont enfin avoir entre les mains de quoi travailler, de quoi servir leurs compétences jusque-là souvent inutiles. Que faire quand on n'a rien ? La médecine est aussi affaire de technique. Chaque étape de la rénovation nous projette dans une nouvelle dimension de l'avenir.

L'avenir ? Voilà un mot qui soulève une question de taille : il ne s'agit pas simplement de construire, mais de tenir dans la durée. Par exemple, pour être aux normes internationales, l'air conditionné des blocs opératoires doit être filtré sous pression positive, c'est-à-dire que l'air sort toujours et n'entre jamais. Ce système a besoin d'une grande force électrique pour fonctionner et, comme il y a souvent des pannes d'électricité au Mali, il faut le doubler de générateurs extrêmement puissants… et très coûteux. C'est un cercle vicieux, mais indispensable. En fin de séance, le docteur Coulibaly, jeune chirurgien cardiaque formé à Angers, m'interroge sur le point-clé des finances.

– Après l'ouverture, comment couvrira-t-on les dépenses ?

Diarra, grand maître de son hôpital, répond :

– Chaque chose en son temps, la clinique du Luxembourg saura gérer le budget. En revanche, je suis soucieux de la formation…

Il sait mettre le doigt sur le point faible, Diarra, le Mali manque cruellement de médecins spécialisés.

Mais pour l'instant, place au rituel de la consultation. Nous avons tous faim, sauf le « maître » qui ne déjeune jamais : il boit du thé à la menthe et grignote des petites amandes au cours de la journée, c'est tout.

Comme toujours, autour du bâtiment où se tient la consultation, une foule colorée se masse : des enfants partout, accompagnés de leur mère, de leur grand-mère, de leur père. Chaque jeune patient sera reçu. Diénebou, la secrétaire de Diarra, est la princesse de ces lieux, elle met de l'ordre dans le désordre, enregistre avec efficacité une fiche pour chacun des petits malades et s'attache au moindre détail. Diénebou sait tout de ces enfants, jusqu'à leur niveau social. Souvent, elle me susurre à l'oreille une information utile.

– C'est une famille très pauvre.

– Celui-là vient de très loin, de la frontière avec la Mauritanie.

– Faites attention, cette mère est très agressive…

Au cours des années, Diénebou a appris à comprendre les enfants et leur famille, et à déceler leurs failles et leurs forces dans le but de faciliter notre travail, à nous médecins.

Diarra s'installe maintenant devant son échographe. Sa gestuelle est parfaite, calculée, précise. Il est entouré de ses assistants et d'étudiants en médecine. Le ballet parfaitement rodé va pouvoir commencer. Le maître des lieux donne le signal du départ, et une petite jeune fille de douze ans très maigre entre. Une assistante relate ses données médicales.

– Cette enfant vient de loin, de Mabalala, un village à trois cents kilomètres de Bamako. Elle a souffert d'angines à répétition non traitées. Depuis quelques mois, elle est au stade trois, elle ne peut plus faire d'efforts. À l'auscultation, gros souffle systolique…

– OK, répond Diarra, que l'enfant s'allonge sur la table.

Une fois installée, la petite fille tousse beaucoup…

– C'est de l'œdème pulmonaire. Elle ne supporte pas la position allongée.

Vient l'examen à l'écho, Diarra décrit tout ce qu'il voit. Il me fait participer et me montre l'atteinte de la valve mitrale. L'opération qui sauvera cette enfant consiste non pas à remplacer la valve détériorée, mais à la réparer. Un anneau artificiel permettra au cœur de retrouver toute sa fonction. Cette méthode évitera à l'enfant de lourdes contraintes médicamenteuses post-opératoires, notamment la prise d'anticoagulants à vie, ce qui lui enlèverait, pour l'avenir, tout espoir de maternité. C'est d'autant plus nécessaire que nous avons appris à faire de petites cicatrices, et que nous allons donc épargner le décolleté de la petite, pour ne pas compromettre son futur mariage !

– Suivant, enchaîne Diarra.

Arrive alors un petit garçon de deux ans dans les bras de sa mère. Un étudiant lit l'observation : il s'agit sans aucun doute d'un « enfant bleu », une tétralogie de Fallot.

Diagnostic confirmé à l'écho par Diarra, qui se tourne vers moi :

– Fallot sévère. Il fait des syncopes. Il n'attendra pas le futur centre, c'est un direct Paris.

L'après-midi se déroule selon le processus habituel, malade après malade jusqu'au coucher du soleil. Diarra se lève alors, il semble beaucoup moins épuisé que nous tous et annonce :

– Je vais faire ma prière.

Diarra est un musulman croyant et pratiquant. Sa foi ne l'a jamais quitté. Il prie sans doute pour ses enfants malades du cœur. Il veut les sauver tous.

Il garde dans son bureau d'immenses registres,

chaque page est dédiée à un enfant, sa situation, sa maladie, sa photo. Certaines sont barrées avec la simple annotation : « décédé ». Aujourd'hui, cette liste, la fameuse liste de Diarra qui fait référence dans tout le Mali, en est à la page 2012. Chaque page est un destin d'enfant injustement condamné par son lieu de naissance. En France, la plupart de ces enfants auraient été opérés et soignés depuis longtemps. J'admire Diarra qui continue jour après jour, coûte que coûte, à remplir son registre. Je le vois faire face à des piles de dossiers de plus en plus importantes, des fiches qui s'entassent indéfiniment, qui ne se régulent jamais, il les remplit, les annote, les classe, les archive. Sa liste de malades s'accroît inexorablement, et s'aggrave à chaque instant en dépit de tous ses efforts ! Diarra lui aussi fait un travail de Sisyphe !

Alors, la magie de l'humanitaire moderne s'est mise en marche pour soutenir ce travail. Une chaîne improbable et internationale s'est finalement développée par-delà le temps et l'espace pour construire le rêve de Diarra et lui donner une réalité : sauver les enfants de la liste.

Aujourd'hui, Diarra est en mesure d'opérer jusqu'à mille enfants par an à la clinique du Luxembourg. Demain, c'est sûr, la liste d'attente sera moins longue.

– 8 –

## SYRIE : UNE URGENCE QUI DURE

Le régime de Damas avait envoyé une fois de plus son aviation lâcher un tapis de roquettes sur la ville d'Al-Herak, dans le sud du pays. On a dit qu'il s'agissait de punir les habitants qui auraient été les premiers à organiser des émeutes contre le gouvernement en place, on a dit que la famille de Khaled était particulièrement visée en raison de l'activisme politique du père… Comment savoir ? Quelle est, dans ce récit, la part de vérité, de rumeur, de fantasme ?

En tout cas, les avions tournoyaient, déchiraient le ciel, l'enfant a couru vers l'abri… Soudain, le monde a semblé plongé dans une apocalypse de métal, de feu et de cris. Dans le souffle d'un obus, cinq enfants de la famille ont été tués. Khaled, lui, a survécu, mais il a été très grièvement blessé.

Impossible de l'emmener à l'hôpital public de la ville : on murmurait que l'établissement était devenu dangereux et incertain depuis que des agents faisaient la chasse aux rebelles dans les couloirs et les chambres de l'établissement. Khaled fut conduit vers un appartement où des médecins activistes avaient improvisé un « hôpital de campagne ». En voyant arriver l'enfant, les spécialistes firent un constat terrible : seuls quelques lambeaux de chair retenaient encore la jambe et le bras droits de Khaled… Pour éviter une hémorragie fatale, il fallut amputer le petit garçon du bras et de la jambe, la décision la plus difficile à prendre pour les médecins confrontés à l'horreur de la guerre.

À six ans, la vie de Khaled avait basculé dans le drame ; il ne riait plus, pleurait sans cesse, son visage sombre était celui du malheur… Parce qu'il était inconcevable de se résigner à le laisser en pareille détresse, la famille a décidé de quitter clandestinement la Syrie en flammes. L'Armée libre syrienne a pu, en bravant tous les dangers, conduire Khaled et ses parents jusqu'à Al-Ramtha, la première ville jordanienne après la frontière. Comme le camp de toile établi sur place pour les réfugiés était saturé, la famille a trouvé un petit logement en ville. Mais rien ne pouvait être fait pour apaiser les souffrances de l'enfant…

L'inconnu qui me faisait ce récit par téléphone acheva sur ces mots qui cachaient mal sa colère :

– Il faut faire venir Khaled à Paris, il faut l'opérer, il faut lui fournir des prothèses adaptées.

En cet été 2012, Ismaïl Moutawee m'avait appelé un matin en se recommandant d'un ami chirurgien. Il s'était présenté : chirurgien-dentiste à Aulnay-sous-Bois, en région parisienne, il était né à Deraa, ville martyre et rebelle du sud de la Syrie. Exilé de son pays, il restait en contact avec un groupe de médecins syriens réfugiés à Amman, en Jordanie. Son coup de fil était un appel au secours, un cri lancé pour un enfant… Sa voix dégageait de la force, de la détermination, de la conviction, mais aussi un évident désarroi qui m'a bouleversé. J'ai compris que son problème devenait le mien.

Encore fallait-il parvenir à trouver les voies officielles nécessaires pour permettre à l'enfant blessé de quitter la Jordanie et d'arriver en France… Tous les papiers de la famille étaient restés en Syrie, et notre ami Gonzague Desforges, ancien cadre de Total devenu à La Chaîne de l'Espoir monsieur Moyen-Orient, a obtenu un laissez-passer après de longues négociations avec l'ambassade de France à Amman. Ensuite, toujours par l'intermédiaire d'Ismaïl, nous avons trouvé une famille d'accueil franco-syrienne capable d'apporter au jeune garçon le réconfort de la parole et la consolation d'un environnement familier.

À son arrivée à Roissy, Khaled a été accueilli comme un petit héros par quelques membres de la colonie syrienne, émus et soucieux de le recevoir au mieux. Cependant, malgré toutes les attentions, Khaled restait dans sa bulle de souffrance… C'était un enfant traumatisé. Dès qu'il entendait un avion dans le ciel, il pleurait et criait. La nuit, obsédé par la guerre, il faisait des cauchemars et revivait en boucle la mort de sa cousine à ses côtés.

À la clinique Jouvenet, le docteur Philippe Valenti, éminent chirurgien orthopédiste, a repris l'amputation, refait chirurgicalement le moignon de jambe qui n'avait pas été traité, et retiré un à un les fragments de la bombe qui se trouvaient encore dans les chairs. Dans le même temps, il a procédé à une régularisation des esquilles osseuses, c'est-à-dire des morceaux d'os brisés, qui auraient pu entraîner des complications, jusqu'à transpercer la peau. Ainsi, le spécialiste a préparé le terrain pour l'ajustement indolore de la prothèse de la jambe. Pour le bras, une prothèse esthétique serait confectionnée plus tard, en fin de croissance.

Il fallut attendre trois semaines de cicatrisation, et ce fut la délicate période des moulages de la jambe artificielle sur le moignon… Pour Khaled, c'était le début de l'espoir.

Le grand jour arriva : l'essai par le technicien appareilleur de la prothèse toute neuve. Khaled se leva, s'accrocha à la barre du mur, et se retourna triomphalement vers Sophie, la mère d'accueil, pour lui dire en arabe :

– Je n'ai même pas mal !

D'un coup, il lâcha la barre et marcha, d'abord de façon hésitante, puis avec plus d'assurance. En quelques secondes, Khaled changea de visage, il souriait enfin.

Le retour en métro avec la famille d'accueil fut pour

l'enfant un grand moment : il s'était rendu à l'hôpital dans une poussette, il en repartait debout, marchant seul, comme un homme.

Quelques semaines plus tard, au retour, Gonzague et l'enfant descendaient l'escalier de l'aéroport d'Amman. En bas, le père attendait… L'homme s'est précipité pour prendre son fils dans ses bras, afin de le porter comme il le faisait depuis le drame.

– Mais non, a dit Gonzague, il marche tout seul !

Khaled fut le premier enfant martyr de Syrie à venir se faire soigner en France… Le premier d'une trop longue liste.

*
* *

À La Chaîne de l'Espoir, dès la fin de l'année 2012, avec les premières vagues d'exil de la population syrienne, nous nous sommes demandé de quelle manière nous pouvions nous rendre utiles. Nous avions réalisé une première démarche pour Khaled, et nous étions au courant de ce qui se passait là-bas sur le plan médical grâce aux contacts d'Ismaïl. La répression sur le terrain se faisait de plus en plus violente, nous disait-on, alors nous organisions réunion sur réunion avec les médecins franco-syriens et les quelques associations qui voulaient s'occuper du problème. Une question nous taraudait : était-il possible de se rendre sur place ? On nous le déconseilla absolument :

les bombardements par hélicoptère rendaient le danger trop important.

La situation que nous vivions était inédite, il ne s'agissait pas d'un contexte semblable à celui du Cambodge ou du Soudan, par exemple, pays où nous pouvions évoluer sur le terrain afin d'estimer les besoins et d'apporter les secours nécessaires. Rapidement, nous nous sommes trouvés démunis devant la guerre en Syrie, dont les enjeux et les acteurs nous paraissaient chaque jour plus indéchiffrables. Nous nous trouvions face à un curieux conflit qui devenait un chaos meurtrier, il nous fallait inventer de nouvelles règles, imaginer une pratique humanitaire adaptée.

En 2012, il n'y avait pas de carence médicale en Syrie, on trouvait sur place des médecins compétents et un système de santé existait, même s'il se dégradait très vite. Alors, comment agir ? Faire venir les enfants en France ? Aider les médecins à pratiquer leur art ? Par quels moyens ? En fait, nous l'avons compris, les médecins de Syrie subissaient les premières oppressions et manquaient déjà de tout pour soigner leurs patients, plus de remèdes ni de consommables… En conséquence, notre objectif principal devait consister à mettre sur pied une manière efficace d'assister le corps médical sur le terrain. Nous avons déterminé une urgence absolue : fournir médecins et chirurgiens syriens en médicaments, antibiotiques, boîtes de chirurgie, fils, produits d'anesthésie… Tout le matériel dont ils avaient cruellement besoin. Heureusement, il existait des filières pour acheminer cette aide à travers des pays voisins, essentiellement la Jordanie et le Liban. Fini l'ère du *sans frontières,* bienvenue au temps du *transfrontières.*

Nous nous sommes aussi rendu compte que le conflit s'éloignait du modèle « printemps arabe » pour atteindre une ampleur et une horreur hors normes. Au début, il est vrai, les hostilités semblaient simples et même binaires : Bachar el-Assad contre l'armée syrienne libre. Ce schéma a volé en éclats dès 2014 : en plus des forces gouvernementales, des dizaines de milices déchaînées et sauvages se livraient à des exactions dans tout le pays. On nous décrivait des abominations : quinze enfants torturés dans une ville du sud, cinquante autres décapités à Homs. À Alep, et ailleurs en Syrie, les hôpitaux devenaient des cibles, il n'y avait plus aucune limite, aucune borne, aucun respect.

Je ne comprenais pas ce conflit, je ne le comprends toujours pas. Aucune souffrance d'enfant n'est justifiable, jamais, mais là, l'absurdité des forces en présence et la multiplication des milices rendent la situation plus folle encore. Les grandes puissances régionales ou internationales sont passées à l'action, et je crains, comme me le disait un médecin, qu'elles ne se battent finalement jusqu'au dernier Syrien.

*
* *

Nous étions tous désemparés et cherchions de nouveaux moyens d'être utiles. Encore une fois, Ismaïl Moutawee a été le catalyseur, l'étincelle qui a permis à notre intervention de s'inscrire dans la réalité du conflit et la nature des besoins. Le chirurgien-dentiste d'Aulnay-sous-Bois est ainsi devenu pour nous une sorte de guide volontaire et éclairé. En effet, il avait connaissance de l'ampleur du drame et, pour lui, les enfants victimes, proies des bombardements aveugles et des armes explosives dévastatrices, étaient les « oubliés de la Terre ». Il avait raison.

Aux frontières jordanienne et libanaise, Ismaïl nous montra, nous expliqua, nous éclaira… Nous avons fait là-bas le tour des hôpitaux, des centres de rééducation, des cliniques privées, des ateliers de prothèses. Pendant ce parcours, j'ai été saisi par la mobilisation incroyable du monde de l'humanitaire : c'était la chasse à l'enfant blessé ! Le Croissant-Rouge qatari, Le Croissant-Rouge émirati, l'Hôpital islamique, l'Hôpital italo-jordanien, sans oublier les grands acteurs comme Handicap International et Médecins Sans Frontières… La Jordanie, le Liban, bientôt la Turquie, devenaient les carrefours embouteillés de l'aide mondiale.

Alors que l'aide se met en place en Jordanie, je reçois un message de l'hôtel-Dieu de Beyrouth, l'hôpital de la France, un petit bout de France sur la terre libanaise. Les amis de l'hôpital m'invitent officiellement à leur réunion. Je m'y rends, et retrouve Victor Jebara, mon vieux complice de l'hôpital Broussais, avec qui nous avons formé, à Paris, l'équipe chirurgicale de l'établissement libanais.

Ici même, nous avons créé en 2005 La Chaîne de l'Espoir-Liban, Heartbeat. Je profite de ma présence sur place pour organiser une réunion de cette branche libanaise de notre association. Dans les discussions, il apparaît évident qu'en plus des blessés de guerre, nous sommes confrontés à un autre problème médical : l'affluence des enfants cardiaques syriens. L'hôtel-Dieu décide d'organiser pour eux deux consultations par semaine, et j'assiste à celle du lendemain… Je suis abasourdi devant le nombre d'enfants, la salle d'attente bondée, le service submergé, et je reste fasciné devant les mères qui ont toutes cette attitude particulière et fascinante des femmes qui portent à la fois le malheur et la fierté.

Leïla, l'assistante sociale de l'hôtel-Dieu, m'emmène bientôt à travers Beyrouth visiter quelques familles d'enfants cardiaques syriens. Après des détours, des chemins escarpés, des escaliers escamotés, je descends dans une cave mal éclairée par un petit soupirail. Dans une pièce de vingt mètres carrés, dans l'obscurité, la saleté, la promiscuité, s'entassent trois mères et quatorze enfants, dont un cardiaque. Les pères sont absents. Où sont-ils ? Ont-ils été tués ? Ont-ils fui en Europe dans l'espoir d'offrir une autre vie à leur famille ? En tout cas, les femmes sont restées et prennent tout en charge. Parfois, elles racontent comment elles sont parties de chez elles, comment elles ont abandonné leur vie en trente minutes, l'angoisse planant au-dessus de leur tête et leur famille derrière elles.

Elles n'ont rien, elles ne sont rien, elles n'ont aucune existence légale. On m'a raconté comment, au passage de la frontière, les gardes syriens ont pris leurs papiers d'identité et les ont déchirés. Elles ont tout perdu… jusqu'à leur nom. Il n'y a pas plus pauvre que cette population, il n'y a pas plus abandonné, il n'y a pas plus malheureux.

Au cours de mes voyages, j'en ai vu des pays, des guerres, des cataclysmes, mais au Liban j'ai ressenti l'un des plus grands chocs de mon existence ! Les grandes villes du pays deviennent d'immenses camps de réfugiés sans camp… Chaque jour, ils arrivent de Syrie, terrorisés, épuisés. Ils squattent où ils peuvent squatter, dans des caves, dans des chambres vides, dans des baraquements en tôle ondulée. Ils subsistent péniblement grâce à de petites aides ponctuelles ou de petits boulots et sont ainsi des centaines de milliers à vivre dans la crainte, le dénuement, l'instabilité… Cinq millions en tout, dont deux millions au Liban.

Les parents de Salam ont fui Al-Rastan, une ville syrienne proche de la frontière avec le Liban. Leur petit garçon de cinq mois est malade du cœur… Ils ont rapporté de là-bas un dossier médical : « Sténose pulmonaire serrée et canal artériel ». C'est grave. Il faut intervenir, sinon cet enfant déjà à bout de souffle finira par devenir de plus en plus faible… Heureusement, l'accord conclu avec l'hôtel-Dieu de Beyrouth nous permet d'opérer sur place les enfants syriens malades réfugiés au Liban.

*
* *

Retour en Jordanie. De visite en visite, nous sombrons dans une horreur implacable, les blessures des enfants sont terrifiantes, la peur et la tristesse imprimées au fond des yeux de ceux que nous croisons. Pour un médecin, certaines interventions sont plus dures que d'autres. Ainsi la double amputation des cuisses… On en arrive à construire des équations qui évaluent des degrés dans l'escalade du pire, qui délimitent une sorte de sommet dans ce qu'on peut encore supporter. Je me surprends à penser qu'un bras et une jambe amputés sont moins terribles que deux bras, mais pires qu'un seul pied… Raisonnement absurde, effrayant !

Le nombre de gamins amputés me fait mesurer l'ampleur de la tâche à accomplir, car ce genre de blessures implique des procédures lourdes : appareillage, prothèse, kinésithérapie, fauteuil roulant. En écoutant des spécialistes français, je comprends que l'appareillage de l'enfant est une opération particulièrement délicate et difficile, car il faut tenir compte de la croissance du petit infirme, et donc changer la prothèse régulièrement, presque tous les ans. Dans ce cas, l'aide est un processus à long terme.

Ce que je découvre aussi, c'est qu'aucun enfant n'accepte une prothèse s'il ressent une douleur en la mettant, même une douleur légère… Les enfants préfèrent toujours ramper ou jouer en fauteuil plutôt que d'avoir un appareillage douloureux. Dès lors, le travail de la chirurgie qui précède et permet la pose de la prothèse se révèle essentiel. Cette chirurgie répare les dégâts osseux et fabrique des moignons parfaitement compatibles avec la forme de la prothèse. Si le moindre petit os dépasse, la douleur est violente ! Le travail des chirurgiens orthopédiques est extrêmement délicat et super-spécialisé : il consiste à descendre et à étirer un lambeau musculaire pour en matelasser le moignon. Jusque-là, dans le processus humanitaire, la chirurgie orthopédique faisait défaut et nous avons voulu faire en sorte que ça change.

Décision immédiate : nos équipes de chirurgiens réparateurs, le docteur Valenti en tête, partent pour Amman. On envoie là-bas les meilleurs praticiens – les cracks de l'orthopédie – afin de donner aux jeunes blessés l'espoir d'une vie reconstruite. Afin que chacun d'eux atteigne une mobilité physique optimale, les chirurgiens utilisent et enseignent des techniques fines pour recoudre les morceaux de chair et réparer les os brisés. Je me souviens d'Ahmed, victime d'une grenade… Son pouce et quelques doigts avaient été arrachés. Valenti a pris un orteil et l'a recousu à la place du pouce, dont le manque est particulièrement handicapant. Il a réalisé un petit miracle ! Pour la famille syrienne, je crois bien qu'il est devenu un dieu vivant.

Malheureusement, même avec notre savoir et notre technique, nous restons parfois impuissants. Dans tous les conflits du monde, j'en ai vu, de ces enfants foudroyés, handicapés à vie, paraplégiques… Chaque fois, l'histoire se répète, même si elle est unique pour tous. Le jeune Firas, treize ans, était allongé dans un lit avec un tee-shirt du Paris Saint-Germain. Sa mère, dans le coin de la chambre de l'hôpital, comme une statue triste, restait aussi immobile que son fils. Elle me raconta cette journée où leur monde s'était arrêté.

– C'était une belle journée, vraiment. Il faisait un grand soleil, il n'y avait plus de bombardements depuis quelques jours, on sortait un peu plus. Firas était joyeux, il est parti jouer dehors, devant la maison. J'ai entendu un avion… Je lui ai crié de rentrer, je lui ai hurlé de descendre à la cave. Il y a eu un bombardement, l'immeuble d'en face a été touché par un obus, un missile, quelque chose… Quand la fumée s'est estompée, j'ai vu sa silhouette allongée. « Lève-toi », je lui ai dit. « Lève-toi ! » Je me suis précipitée vers lui, je l'ai pris dans mes bras. Il ne bougeait pas. J'ai compris qu'il ne bougerait plus.

Tous ces récits que j'ai écoutés, offrant une oreille attentive et des paroles aussi réconfortantes que possible, m'ont rempli d'images de mort, d'injustice, de révolte. Ces histoires de souffrance inouïe se ressemblent toutes et elles marquent toujours le basculement d'une vie. Pour ceux-là, on ne peut rien faire. La médecine ne pourra rien réparer. À Beyrouth, Nadia, treize ans, l'œil vide et déjà vieilli, me raconte elle aussi d'une voix blanche qu'au moment où elle a été touchée par la balle, visée par un sniper, elle a su qu'elle ne marcherait plus. Elle s'en remet à Dieu désormais. À elle et à tous les autres, nous offrons des fauteuils, seul moyen de leur venir en aide.

En plus de la souffrance physique causée par la blessure, le principal problème auquel sont confrontés ces jeunes amputés, ces petits paralysés, est la transformation dramatique de leur corps. Il leur faut désormais s'adapter à ce nouveau corps, aux douleurs, aux changements de perception, accepter une ou plusieurs prothèses, admettre leur nouvelle silhouette… C'est irrémédiable et définitif. Il leur faut (ré)apprendre les gestes les plus anodins, marcher, s'asseoir, tenir une fourchette… Il leur faut aussi cicatriser leur âme, et les blessures de l'âme, qu'on ne voit pas, durent très longtemps et prolongent la souffrance. En effet, beaucoup de ces enfants souffrent du syndrome post-traumatique : dans leurs cauchemars, ils revivent sans cesse la scène de leur mutilation ; et dans la vie éveillée, ils deviennent mutiques, énurétiques, déprimés. En plus du soutien physique, il leur faut donc un important accompagnement psychologique, c'est une nécessité absolue… D'ailleurs, des maisons d'aide psychologique apparaissent au Liban et en Jordanie pour soutenir les jeunes réfugiés. La clé pour les aider, c'est de rebâtir avec eux un futur, leur redonner foi en l'avenir et envie de vaincre leur handicap, eux qui ont été fauchés si durement au moment même où la vie est censée ouvrir ses portes et offrir tous les possibles. La tâche est bien souvent ardue, beaucoup portent la mort au fond des yeux et gardent dans le cœur une plaie non guérissable.

Les réfugiés que nous croisons à Amman viennent pour la plupart du sud de la Syrie ; ceux qui habitaient au centre du pays sont généralement partis vers le nord. Ce sont toujours les mêmes histoires d'arrachement, d'horreur et de stupéfaction. Il y a la guerre, ils le savent, ils suivent la rébellion contre Bachar el-Assad, souvent des membres de leur famille sont impliqués dans la résistance, et puis, un jour, c'est un bombardement qui les pousse à fuir ou c'est un ami du quartier qui leur dit de partir. Maintenant. Pas demain ou cette nuit, maintenant. Les informations circulent vite… Dans l'immeuble d'à côté, l'État islamique a été repéré et quand ses brigands viendront chez eux, ils prendront le frigo, la télé, la maison, la femme, la fille, et finiront par mettre une balle dans la tête du père. Pour fuir ces dangers extrêmes, il faut déguerpir tout de suite, sans rien, sans papiers, sans argent, et les voilà sur les routes. S'ils ont de l'essence à mettre dans leur voiture, ils roulent, sinon ils vont à pied.

Les premiers à fuir croyaient partir pour quelques jours, quelques semaines, quelques mois tout au plus. C'était il y a des années... Maintenant, aucun d'entre eux ne souhaite s'établir en Jordanie ou au Liban. Quelques milliers de réfugiés ont préféré revenir chez eux, en Syrie, pour vivre dans la dignité malgré les dangers. Mais en général, ils veulent partir et partir loin, jusqu'en Malaisie, en Indonésie, là où ils espèrent trouver du travail, et donc un peu d'argent pour vivre, et aussi, éventuellement, se soigner.

Car en Jordanie comme ailleurs, malgré l'urgence de la situation et l'horreur quotidienne, je me suis aperçu que l'argent impose comme toujours sa règle implacable : il manque beaucoup, et continue de creuser les inégalités. À Amman, les réfugiés enregistrés reçoivent une petite aide officielle du Haut Commissariat des Nations unies pour les Réfugiés sous forme de bons alimentaires, et ils sont couverts pour les soins de première nécessité. De leur côté, les autorités jordaniennes ne peuvent pas les prendre médicalement en charge, alors ceux qui ont la chance d'avoir un peu d'argent, du soutien ou de la famille sur place peuvent se faire soigner en posant des dinars sur la table, mais quel est le sort de tous les autres ?

À cela s'est ajoutée pour nous la difficulté de nous

mettre en accord avec les lois jordaniennes afin de pouvoir exercer la médecine en tant qu'étrangers... Arracher ce droit a représenté une longue bataille administrative et juridique, mais nous avons eu gain de cause.

Pour venir à notre consultation, tout un long processus bureaucratique se met en place. Il faut obtenir une autorisation pour pouvoir sortir de ces prisons bienveillantes que sont les camps fermés comme Zaatari. De notre côté, il nous faut déposer une demande de consultation qui permettra aux parents de notre petit patient de recevoir le précieux laissez-passer pour venir jusqu'à nous... Mais attention, cette demande ne peut être accordée qu'une fois par semaine et le délai est interminable ! Arriver dans notre salle de consultation est déjà un exploit.

Sylvain Chauvaud, chirurgien cardiaque, m'a raconté le souvenir éloquent d'un jeune malade, Yaya. Ce petit garçon avait dix-huit mois la première fois qu'on l'a ausculté. C'était un enfant bleu, avec une tétralogie de Fallot. Dans le camp, Yaya faisait malaise sur malaise et Sylvain l'a opéré en urgence. Il a fait une intervention chirurgicale palliative, reliant l'artère du bras gauche à l'artère pulmonaire, ce qui offrait au sang non oxygéné une voie de dérivation vers les poumons. Yaya, a passé plusieurs jours en réanimation, multipliant les complications respiratoires... Sa mission terminée, le chirurgien est rentré en France. À son retour en Jordanie un an plus tard, Sylvain Chauvaud convoqua Yaya, dont l'état s'était sensiblement amélioré : il marchait bien et respirait mieux. Encore fallait-il procéder à l'opération définitive, à cœur ouvert, qui mettrait fin aux tourments du petit.

– Je l'opère demain, annonça Sylvain.

– Impossible, répondit le père, désolé. J'ai laissé ma femme au camp avec nos cinq autres enfants et j'ai une autorisation pour vingt-quatre heures seulement !

Un an plus tard encore, alors que Sylvain, de nouveau en Jordanie, parcourait la liste des opérations du jour que devait pratiquer l'équipe espagnole sur place à ce moment-là, il repéra un cas qui correspondait au profil de Yaya : même pathologie, même traitement, même âge. Intrigué, il se rendit en salle d'opération, la chirurgienne madrilène Tomasa Centella était effectivement en train d'opérer Yaya. Elle obstrua l'ouverture dangereuse entre les deux ventricules, et le sang emprunta dès lors sa voie normale. Le petit garçon retrouva aussitôt son souffle et, avec lui, la promesse de la vie… Mais il avait fallu plus de deux ans pour parvenir à cette réparation complète, ce qui avait fait courir des risques énormes à cet enfant. Un petit miracle : Yaya voulait vivre.

*

* *

Confrontés à la prise en charge financière des enfants syriens réfugiés, nous avons reçu une aide de l'Europe, grande surprise pour La Chaîne de l'Espoir, j'attendais cela depuis quinze ans… Pour la première fois, l'Europe, dans ses plus hautes instances, se penchait sur le sort des enfants cardiaques. Il faut dire que le contexte était tragiquement favorable.

On signa un contrat renouvelable pour plus de six cent mille euros d'aide. À la base, il s'agissait de financer une crise. Mais aujourd'hui, au regard de la situation, il faut s'inscrire dans le temps.

Cet argent permet d'opérer des enfants. Je parle ici de frais d'opération car bien sûr les équipes médicales sont bénévoles, et elles sont européennes, italiennes, espagnoles, portugaises, françaises… Toute l'Europe vient au secours de la Syrie meurtrie. Nous organisons trois ou quatre missions par an et, chaque fois, une vingtaine d'enfants sont opérés, ce qui est évidemment loin de ce qu'exigerait la situation.

Ce que nous faisons est sans doute une goutte d'eau dans un océan de malheurs, mais une fois de plus nous semons dans l'univers pour que l'avenir soit un peu plus doux et le chaos moins meurtrier qu'aujourd'hui.

Au Liban et en Jordanie, nous agissons comme si nous traitions la précarité de l'urgence. Mais l'urgence dure depuis plus de six ans…

## – 9 –

## SAUVER SANS PÉRIR

Fin novembre 2016 s'achève la construction de la *safe room* de notre hôpital de Kaboul, en Afghanistan. Événement discret mais signe des temps : dans cet établissement ouvert à tous, il nous faut désormais un abri, un véritable bunker en béton armé, refuge pour le personnel en cas d'attentat. On y trouve des moyens de communication et des vivres, tout ce qu'il faut pour subsister quelques heures, quelques jours, le temps au moins de permettre aux secours d'arriver… Des mesures de précaution que nous n'aurions même pas imaginées il y a seulement quelques années… L'insécurité gagne le monde humanitaire !

Je me souviens de l'Afghanistan des années 1980. Je me rappelle mon ami le commandant Wardak, seigneur de guerre qui régnait en maître absolu sur sa province. Ancien élève du lycée français de Kaboul et parfaitement francophone, il avait une grande vision d'avenir pour son pays. C'était une autre époque, celle des hôpitaux de campagne avec leurs équipements sommaires, celle des amputations sous anesthésie locale… L'aide médicale était alors perçue positivement et les Afghans nous accueillaient avec espoir et chaleur, même si certains groupes islamistes commençaient déjà à émerger.

En 2014, je revis à Paris le commandant Wardak, devenu réfugié politique à cause de sa déclaration de guerre aux talibans. À lui qui connaissait si bien le terrain, je demandai de me préciser les risques encourus en me rendant à Kaboul… Il ne me répondit pas immédiatement, il voulait réfléchir à ma question et surtout mener sa petite enquête, notamment au sujet de notre hôpital… Il est revenu quelques jours plus tard : selon lui, les risques d'un attentat visant l'hôpital étaient extrêmement limités car des enfants de talibans se trouvaient parfois parmi les patients. Toutefois il n'éliminait pas entièrement l'hypothèse d'un attentat de folie… Puis il plongea ses yeux noirs dans les miens et, d'un ton grave, pesant chaque mot, me recommanda de ne pas me promener seul à Kaboul, car le danger d'enlèvement n'était plus l'apanage des talibans, mais désormais celui de la mafia.

– Crois-moi, ne sous-estime pas ce risque, me conseilla-t-il, inquiet.

En effet, pour la vente et la revente, le personnel humanitaire a une cote élevée à la Bourse des kidnappés ! Les médecins se vendent à très bon prix, et des processus d'échanges extrêmement lucratifs se développent… Entre attentats et enlèvements, nous sommes pris dans un cercle délirant dont nous sommes à la fois les victimes et les témoins impuissants.

À partir de ce constat, les règles sont clairement établies : nous nous terrons à l'hôpital comme dans un couvent, on n'en sort pas et je n'ai plus que mes souvenirs nostalgiques d'un temps, pas si lointain, où nous déambulions à vélo dans les rues de Kaboul ! On se promenait alors librement, on faisait du tourisme, on achetait des tapis au marché… Aujourd'hui, cette insouciance tranquille est inimaginable. Maintenant, tout est suspicion. J'ai remarqué, par exemple, que les chauffeurs ne prennent jamais le même chemin pour rouler vers l'aéroport, ils évitent de se faire repérer. L'ambiance locale est pénible, mais au quotidien, le danger est peu perceptible. La vie reprend le dessus et les Afghans redoutent autant les encombrements matinaux que les attentats : ils semblent s'en remettre à leur destin. Chaque Afghan est pour moi une leçon de courage.

*
* *

La prise de conscience de cette triste réalité nous avait saisis dramatiquement dès le mois de juin 2004, alors que nous nous trouvions en mission médicale avec Éric à Kaboul… Cinq membres de Médecins Sans Frontières, belges, néerlandais et afghans, venaient d'être massacrés sur une route de Bâdghîs, une province afghane éloignée. Ils avaient été arrêtés par des hommes en Mobylette qui les avaient fait s'agenouiller et les avaient exécutés d'une balle dans la tête. Les talibans assassins accusaient ces « infidèles » de collaborer avec les Américains. Pour la première fois je vivais, presque en direct, l'horreur du terrorisme. La conséquence de ce crime fut le retrait immédiat de Médecins Sans Frontières.

En août 2010, nous étions touchés de plus près encore en apprenant avec effroi l'exécution de huit humanitaires occidentaux dans la province montagneuse du Badakhchan, dans le nord-est de l'Afghanistan. Parmi les victimes se trouvait Tom Little, un Américain présent à Kaboul depuis dix-huit ans pour une association médicale chrétienne, un homme pleinement engagé qui forçait mon admiration. Je me souviendrai toujours du lourd silence angoissé qui s'abattit sur nos équipes françaises et afghanes ce jour-là… Nous comprenions que le monde changeait et que nous allions devoir apprendre à vivre et à travailler autrement.

Par la suite, les mauvaises nouvelles tombèrent les unes après les autres et le périmètre des risques s'étendit. En janvier 2012, deux humanitaires trouvaient la mort dans une fusillade à Mogadiscio, en Somalie. En janvier 2015, deux employés de Médecins Sans Frontières étaient abattus par un groupe armé au Sud Soudan. En septembre 2016, quatre membres des Casques blancs tombaient dans l'attaque aérienne d'un centre médical à Alep, en Syrie. L'humanitaire était devenu une cible.

À présent, nous recevons régulièrement la carte des risques, planification mise à jour par le Quai d'Orsay. En rouge apparaissent les pays sensibles, nettement déconseillés aussi bien aux touristes qu'aux humanitaires… Le rouge s'étend inexorablement, il représente sans doute un tiers de la planète et vient grignoter les contrées où La Chaîne de l'Espoir est présente. En plus des pays « traditionnellement » dangereux comme l'Irak, la Syrie, l'Afghanistan, le Pakistan ou la Libye, se colorent aujourd'hui des pays de l'Afrique subsaharienne comme le Niger, le Burkina Faso, le Mali, bientôt peut-être le Sénégal… Pourquoi ces dangers ? On nous parle d'une force invisible non contrôlée, pour qui le personnel humanitaire symbolise l'Occident détesté. La menace se fait bien réelle, mais elle reste floue et diffuse.

Naguère, nous, les humanitaires, agissions dans des pays en guerre et avions l'impression d'être protégés par nos activités mêmes : nous apportions la vie, la guérison, le soin… Nul n'osait attaquer ceux qui s'avançaient sur le terrain du conflit pour soulager les misères humaines. Maintenant, tous les jours, je reçois des appels des pays en rouge sur la carte, on nous attend, on nous demande. Peut-on baisser les bras, ne pas répondre aux besoins ? Nous devons continuer, suivre l'injonction d'Albert Camus : « Il faut sauver les corps. »

Dans les années 1970 avec Médecins Sans Frontières, notre inconscient collectif nous imaginait comme les dignes héritiers de la Croix-Rouge d'Henri Dunant… Nous nous rattachions à cette grande idée née en 1863 : secourir les blessés de guerre de façon parfaitement impartiale. Ce concept de neutralité nous habitait, nous transcendait. D'ailleurs, les médecins que nous étions étaient perçus comme des héros venus soulager les souffrances des hommes dans le malheur. En pleines hostilités, nous voulions rester neutres, libres, sans frontières. Nous hissions notre drapeau blanc frappé d'une croix rouge et nous secourions tous les blessés, quels qu'ils soient. Il n'empêche que nous allions d'abord, d'instinct, vers ceux qui souffraient le plus, les opprimés, les rebelles qui luttaient contre un ennemi désigné, notamment en Afghanistan et en Érythrée. Les choses étaient simples, claires : il était toujours question d'un peuple opprimé et d'un État dominateur… Nous nous tenions du côté des faibles, nous étions les clandestins du champ de bataille.

Nous avions alors un mot d'ordre, une stratégie impensable aujourd'hui : nous fondre dans la population. Mais à l'époque, nous étions très peu d'humanitaires, nos équipes étaient constituées de deux ou trois personnes disposant de peu de moyens. En cas d'accident, il y avait moins de victimes. Surtout, nous avions parfaitement confiance en ceux qui nous protégeaient ! En Afghanistan, nous étions sous la responsabilité des Afghans eux-mêmes. Nous nous trouvions seulement à la merci des bombardements et des mitraillettes russes : c'étaient eux, nos ennemis ! Quand les hélicoptères surgissaient dans un bruit de tonnerre au-dessus de nos têtes, nos amis afghans plongeaient sur nous pour nous protéger de leur corps. Nous nous sentions vraiment défendus, soutenus, aidés, et il y avait, entre eux et nous, la valeur du lien, la chaleur humaine…

Le monde de l'humanitaire de ce temps-là était tout bonnement manichéen : il y avait deux camps, les bons et les mauvais… qui changeaient selon les pays, les circonstances, les politiques locales ! Cette vérité fluctuante nous rendait philosophes : Est ou Ouest, un bloc ou l'autre… À cette époque, nous pénétrions partout, agissions au centre des conflits, et non pas en périphérie comme actuellement. L'essentiel de notre action se déroulait dans les camps de réfugiés. J'ai connu le drame des camps, je sais ce que c'est, de quoi ça a l'air, j'en hume encore l'odeur, la promiscuité, la misère, le malheur. J'ai suivi pendant plusieurs années les camps cambodgiens à la frontière thaïlandaise, treize ans de camps, plus d'un million de réfugiés ! Nous y agissions tels des bienfaiteurs utiles et efficaces, au sein des hôpitaux implantés dans ces camps et gérés par la Croix-Rouge.

Ce schéma plutôt clair « opprimeurs/opprimés », nettement repérable, vola en éclats en 1991 avec la guerre des Balkans. Un conflit très dur se déclenchait chez nous, en plein cœur de l'Europe, faisant exploser tous nos repères. La nature même de cette conflagration nous fit plonger dans un véritable chaos, au sens littéral comme au figuré : il était très difficile de distinguer les intérêts serbes, bosniaques ou croates. Au centre de leurs griefs se trouvaient, certes, les revendications identitaires, mais tout cela était noyé dans des barbaries innommables. Je ne savais pas alors, en m'engageant dans ce nouveau conflit, que j'allais mettre un pied en enfer.

Un jour, je m'en souviens, les Serbes faisaient un blocus à Vukovar et avaient tout bombardé, y compris les structures de soins. Il aurait fallu évacuer des centaines de blessés croates à travers les lignes de front, mais nous n'avons pas pu le faire… Certains nous autorisaient à partir, d'autres non. Malgré notre drapeau blanc, on nous mitraillait et nous ne savions même plus qui nous tirait dessus ! Il n'y avait plus aucune règle de guerre, aucune logique, aucun respect.

Cette guerre ébranla les fondements mêmes de l'humanitaire, sa signification, son éthique, son rôle. L'action humanitaire, soutenue par l'Europe, était devenue l'alibi de l'inaction politique ! En effet, les pays d'Europe, ayant renoncé à intervenir dans ce conflit, se « dédouanaient », en quelque sorte, en favorisant les initiatives des associations humanitaires. Je me souviens que nous étions ainsi intervenus à Sarajevo en août 1992… Cette ville autrefois prospère, magnifique, multireligieuse, pluriculturelle, était totalement encerclée comme au Moyen Âge, entourée de barbares : toutes les routes, tous les ponts, toutes les collines autour étaient serbes. Ce blocus avait pour but d'affamer la population, et nous étions au milieu de cette folie.

Je découvris aussi que les forces militaires combattaient sous le drapeau de l'ONU et que nous étions obligés de nous mettre sous leur protection, donc sous ce même drapeau. Sinon nous étions canardés par les Serbes. C'était la première fois qu'une telle chose se produisait et cette réalité changeait tout : sous protection militaire, il devenait difficile de revendiquer sa neutralité.

J'étais arrivé à Sarajevo dans un avion militaire allemand, placé lui aussi sous le drapeau de l'ONU car seule la bannière bleue pouvait nous permettre d'entrer dans la ville. Après l'atterrissage, j'avais été aussitôt poussé dans un véhicule blindé… Sur la route, on tirait sur le véhicule, j'entendais les impacts rebondir sur la carcasse de la voiture. Je me souviens du trajet, quelques jours plus tard, pour aller visiter les hôpitaux, à travers cette ville fantôme. Mon chauffeur, Jim l'Américain, était membre de l'ONU, et la bannière de l'Organisation était bien en vue. On traversait la ville déserte à cent à l'heure, je voyais défiler les voitures calcinées, les murs écroulés, les ruines… Les snipers serbes étaient aux aguets ! J'avais la tête baissée sous mon casque, le menton enfoncé dans mon gilet pare-balles. Le risque était bien palpable, très concret. Rien dans cette situation n'était neutre. Je fis mes visites à l'hôpital en gilet pare-balles et j'appris vite à ne jamais me mettre devant une fenêtre, de peur d'être atteint par un tir de sniper. Je vis des blocs opératoires bombardés. Là-bas, pas de kidnapping : simplement des exécutions, des balles dans la tête.

Déjà à l'époque, tout cela me semblait ubuesque. Nous avions des règles improbables à respecter, comme ne pas soigner les Bosniaques au sein des structures de l'ONU. L'ONU disposait d'un bloc avec tous les moyens modernes, pour soigner le personnel et les militaires onusiens. Mais nous ne pouvions venir en aide aux Bosniaques que chez eux, dans leurs structures locales. Si un enfant bosniaque blessé entrait dans l'hôpital militaire de l'ONU, il fallait s'attendre à des représailles serbes, et pas des moindres… à coups de canon ! Un char serbe était posté en permanence devant le bâtiment de l'Organisation des Nations unies. L'ONU se proclamait neutre… mais la réalité était bien plus complexe.

Une telle situation nous atteignit dans nos positions. Je sentais très clairement que le sans-frontiérisme était malmené, mais malgré le danger et la confusion générale entre « amis » et « ennemis », nous réussîmes à sauver près de trois cents enfants dans l'ancienne Yougoslavie, et cela seul comptait vraiment. Cependant, il fallait nous rendre à l'évidence : désormais, nous n'étions plus protégés par un fanion. Quelques années plus tard, je ressentis cette même confusion au Kosovo… Serbes, Kosovars, membres de l'OTAN… difficile de discerner qui était qui, et il nous fallait pourtant choisir un camp, à l'intérieur duquel était loin de régner un climat de confiance.

En 2002, un étrange retournement de situation s'opéra. Tout le monde parlait d'Arjan Erkel, un Néerlandais de Médecins Sans Frontières enlevé en Tchétchénie avec demande de rançon. On ne savait pas qui était le commanditaire. Les Russes accusaient les Tchétchènes qui accusaient les Russes ! Les politiques, les dirigeants d'association, les responsables du Comité des droits de l'homme, tout le monde s'émut et condamna cet acte. Pourtant, on se mit à se poser d'étranges questions… Pourquoi Arjan Erkel était-il allé en Tchétchénie ? Pourquoi avait-il pris des risques ? Finalement, n'était-ce pas un peu sa faute ? De façon insidieuse, le monde, les journalistes, les politiques, les observateurs commencèrent à remettre en cause le fondement même de l'action humanitaire. Finalement, le Néerlandais fut libéré par les services secrets russes et l'on ne connut jamais la vérité. Mais moi, je retins de cette histoire l'idée de la remise en cause de l'ingérence humanitaire… et le vrai début du risque d'enlèvement.

*

* *

Au XXI$^{e}$ siècle, l'ennemi demeure souvent aussi invisible que mal identifié… La plupart du temps, nous n'œuvrons plus face à des États mais face à des groupes terroristes, voire des organisations mafieuses, ce qui complique considérablement notre tâche.

Mais chaque règle a ses exceptions : à Gaza, je me suis retrouvé au cœur d'une guerre presque conventionnelle… Le risque que l'on pouvait rencontrer là-bas était celui d'un conflit armé, un risque partagé avec les habitants.

En janvier 2009, Israël bombardait Gaza dans une opération – nom de code « Plomb durci » – lancée pour stopper les tirs de roquettes sur l'État hébreu commandés régulièrement par le Hamas.

Réunion de crise à La Chaîne de l'Espoir : que peut-on faire pour les enfants blessés ? Mon ami Sinan, un chirurgien libanais qui a travaillé longtemps avec Médecins Sans Frontières, prend contact avec l'hôpital Al-Shifa, le grand établissement gazaouite des urgences. La situation est simple : le personnel médical assure sa tâche, mais l'hôpital manque d'anesthésiques, d'antibiotiques et de fixateurs pour traiter les fractures ouvertes aux jambes. La demande est très précise. Sinan trace notre feuille de route, il connaît parfaitement la région.

Accompagnés de Daniel Roux, l'irremplaçable chirurgien de Toulouse, nous partons pour Gaza afin d'apporter sur place le matériel demandé et d'essayer de déterminer les autres besoins. Départ pour Le Caire où nous sommes pris en charge par une Jordanienne, qui nous conduit en voiture jusqu'à la frontière de Gaza.

Après cinq heures de route à travers le désert du Sinaï, nous arrivons à Rafah, poste d'entrée dans la bande de Gaza. Des files de camions vont et viennent dans un désordre indescriptible, du monde partout, quelques ambulances qui filent vers l'Égypte… Nous attendons plus de quatre heures, et la Jordanienne, très active, passe d'un bureau à l'autre, nos pièces d'identité dans la main. Au-dessus de cette scène agitée, des drones volettent en faisant claquer leur petit moteur.

Vers 20 heures, feu vert, tous les obstacles sont levés, nous pouvons passer.

– Allez-y, quelqu'un vous attend là-bas, nous annonce la Jordanienne.

De l'autre côté, effectivement, Abdel, un réanimateur de l'hôpital de Gaza, nous charge dans sa voiture et nous partons vers le nord. À la nuit tombée, nous pénétrons enfin dans une ville éteinte, où des ombres se faufilent et où le ciel est régulièrement strié de fusées éclairantes… Arrivés à l'hôpital, nous sommes confrontés à une foule de gens qui pleurent, qui crient, qui s'énervent. Nous visitons le centre des urgences, un véritable hall de gare, avec des médecins en blouse verte, des familles qui s'inquiètent et s'invectivent, beaucoup de caméras, de nombreux journalistes… Je constate que, sur le plan médical, nous sommes un peu en surnombre : il y a pléthore de médecins venus de tout le monde arabe, des Jordaniens, des Irakiens, des Tunisiens… Le chirurgien-chef nous souhaite la bienvenue, et nous lui offrons les appareils et les médicaments apportés de France. Étonnement et soulagement devant cette aide ponctuelle et adaptée. Une fois de plus, je constate que l'humanitaire, pour être efficace, doit d'abord connaître précisément ce dont ont besoin ceux qu'il vient secourir.

Pas de bombardement comme je le craignais, mais des fusées éclairantes qui continuent de trouer la nuit… Cette ambiance chaotique, embrouillée, m'apparaît par moments plus insupportable qu'un danger déterminé. La peur ici est diffuse, on ne sait pas où et quand un avion peut surgir dans le ciel, il faut simplement éviter d'être au mauvais endroit au mauvais moment. On sait qu'Israël ne frappe pas au hasard et que ses tirs sont très précis, mais quand même, mieux vaut ne pas se trouver dans les parages quand explose un missile…

Finalement, une aide particulière nous a été demandée : il s'agissait de permettre à des enfants cardiaques d'aller se faire soigner en Égypte. Certains de ces enfants avaient des rendez-vous dans les hôpitaux israéliens pour des consultations ou des opérations, mais l'absolue fermeture de la frontière en raison de la guerre avait rendu ces rendez-vous impossibles. Nous avons pris contact avec les chirurgiens du Caire et une trentaine d'enfants malades ont pu être évacués vers l'Égypte pour y trouver les soins indispensables et urgents que réclamait leur état.

Je suis resté trois jours à Gaza, trois jours avec ce sentiment curieux d'être bloqué dans une poche et cette impression d'être fait comme un rat.

*
* *

Le risque diffus où se mêlent la crainte de l'attentat et celle de l'enlèvement, je l'ai vécu intensément en 2011 lors d'une mission à Bagdad, en Irak. Je me rendais sur place pour opérer des enfants et former les équipes du principal établissement cardiologique du pays, l'hôpital Al-Bitar…

Embarquement à Roissy. L'avion vole vers notre escale, Amman, en Jordanie. Nous devons passer une nuit sur place, à l'hôtel, mais sous contrôle policier : nous n'avons pas de visa pour la Jordanie. Je me retrouve à dîner avec mes deux acolytes de voyage. Le premier est le chirurgien toulousain Daniel Roux, aux allures d'aventurier dégingandé, qui voyage à travers le monde pour opérer les enfants… Pour lui, il n'existe aucun pays à risque, aucune région dangereuse, il va où il peut aider. Je ne l'ai jamais connu hésitant : quand on lui demande de partir, il part. Mon second complice, c'est Gonzague Desforges, un ancien cadre de l'industrie pétrolière, naguère en poste au Proche-Orient. Il parle un peu l'arabe, connaît Amman et Bagdad, n'ignore rien des subtilités qui permettent d'éviter les impairs susceptibles de compliquer un voyage. Il sait se faire transparent quand il le faut et offensif lorsque cela semble nécessaire…

Le lendemain matin, départ pour Bagdad... Autour de nous, dans ce vol irrégulier d'Iraqi Airways, quelques femmes voilées, des hommes en costume sombre, et de nombreux militaires américains en uniforme beige, vert bouteille ou grisâtre selon les corps et les grades de l'US Army.

Nous nous retrouvons dans un aéroport immense... et vide. Nous sommes sondés, scrutés, passés au laser et au détecteur de métaux. Nous pénétrons dans un monde de menaces où sévissent la guerre et les attentats. L'ambiance est lourde, nous sommes tous un peu tendus. D'ailleurs, j'ai glissé un gilet pare-balles dans mon sac de voyage... on ne sait jamais.

Le docteur Hussein, directeur de l'hôpital Al-Bitar, est venu m'accueillir et s'occupe de ma protection. Je l'interroge sur la situation, mais je n'obtiens qu'un seul commentaire, lapidaire :

– C'est mieux qu'avant. Yallah !

Avant... c'est-à-dire avant l'arrivée des Américains. Ici, on ne parle pas de guerre. Qu'est-ce qui est mieux qu'avant ? La sécurité ? La vie sur place ? Les soins prodigués aux patients ? Je n'en saurai pas plus.

Nous montons dans une voiture noire escortée par deux automitrailleuses ; l'une nous ouvre la route, l'autre nous suit... Avant même de quitter l'espace de l'aéroport, sur la route qui file vers la ville, trois *check points* se succèdent déjà, tous tenus par des milices privées, des gars pas commodes, vêtus de noir et cagoulés. Qui sont-ils ? Des Américains ? Des Irakiens ? Impossible de le savoir. Premier *check point*, regards et vérifications. Deuxième *check point*, contrôle des papiers ; la voiture s'arrête à cinquante mètres de la guérite, il faut montrer son passeport ouvert par la vitre baissée du véhicule... De loin, le soldat regarde les documents d'identité à la jumelle. Nous passons et arrivons bientôt au troisième *check point*... celui des chiens. Valises et sacs sont sortis de la voiture pour être alignés sur le bas-côté. Les molosses s'en donnent à cœur joie. Haletants, frémissants, ils tournent autour des bagages pour renifler les munitions que nous pourrions transporter...

Je connais ce pays... et je ne le reconnais pas. Dans les années 1970, l'aéroport était un souk plein de vie, très chaleureux, ouvert, sympathique, comme le sont les Irakiens. Des femmes voilées, des femmes fardées, le melting-pot d'une société qui cherchait à s'ouvrir sur le monde. Nous, les médecins français, étions reçus avec faste et reconnaissance : c'était l'époque de la grande coopération médicale avec la France, une manière pour les Irakiens de se débarrasser de la pression britannique exercée sur les professions de santé, encore très forte à l'époque.

Pour la chirurgie cardiaque, l'hôpital de référence était le Medical City, un immense building de six étages bien équipé. Mais tout était dans l'apparence : sur le plan purement scientifique, le flou et l'incompétence dominaient. Un peu à l'image du régime.

Pour aider les médecins et instaurer un ordre rationnel plus rigoureux, nous avons mis en place un plan sur le long terme... Les progrès furent étonnants. Dans les années qui ont suivi, nous avons même aidé à construire un centre moderne de chirurgie cardiaque, le Saddam Hussein Cardiac Center, notre fierté, mais aussi notre honte... Nous avons vite découvert ce qu'était la dictature de Saddam Hussein : ce centre, qui avait été créé à l'origine pour soigner les enfants pauvres, ne fonctionnait en réalité que pour les personnages importants du parti Baas au pouvoir. Lorsque j'y repense, quelle naïveté a été la nôtre... Le bâtiment n'a d'ailleurs pas résisté bien longtemps aux raids de l'aviation américaine. Et à la chute du despote, les constructions sur lesquelles s'étalait en grandes lettres le nom honni furent des cibles de premier choix.

Mais tout cela appartient au passé. Pour l'heure, notre voiture roule à grande vitesse sur Airport Street.

– Le boulevard des enlèvements, me précise, narquois, le docteur Hussein. Yallah !

Et il se met à parler. Tout y passe, le temps d'avant, que l'on regrette un peu sans le dire, le chaos actuel, l'effondrement des anciennes solidarités, les kidnappings...

Nous passons devant le musée de Bagdad, où j'ai découvert, il y a quelques années, le berceau de l'humanité, la civilisation sumérienne, l'invention de l'écriture... Et je pense avec nostalgie à Dudu le scribe, pièce phare du musée. Ce petit bonhomme rondouillard en basalte noir esquisse un sourire parce qu'il voit tout, sait tout, note tout… depuis quatre mille six cents ans ! Que peut-il bien penser, Dudu, de son pays martelé, piétiné, bouleversé ? J'aimerais bien le savoir, mais pour l'instant le musée est fermé, en pleine réfection me dit-on.

Nouveau *check point* sur la route. Celui-là est tenu par des Américains. Un jeune Noir et un Latino s'approchent de la voiture, contrôle soutenu, nous entrons dans la Green Zone, le quartier ultrasécurisé pour les Occidentaux. L'espace est cerné par des blocs de béton qui débouchent sur d'autres blocs de béton. À l'intérieur du secteur, à l'ombre des miradors, nous pourrions nous croire dans le New Jersey ou le Middle West : des joggeurs, des karaokés, des pizzerias, des supermarchés et des fast-foods… La voiture traverse la Green Zone, mais ne s'arrête pas. L'oreille collée contre son talkie-walkie, le docteur Hussein marmonne :

– On nous signale un attentat à la bombe sur le boulevard Mustapha.

Nous changeons brusquement d'itinéraire, je sens Hussein extrêmement nerveux…

– C'est ennuyeux, dit-il, nous sommes trop visibles avec les automitrailleuses qui nous escortent, il ne faut pas être visibles à Bagdad. Yallah !

Par chance, nous arrivons sains et saufs à l'hôpital Al-Bitar, unique centre de cardiologie d'Irak. C'est ici que nous allons travailler. On nous désigne notre logement : deux pièces attenantes au bloc opératoire. Devant notre inquiétude palpable, on nous fait comprendre que les militaires assurent la protection dc l'hôpital et que le quartier est bouclé.

Le lendemain est le grand jour de la consultation. Nous sommes dans un vaste hall, où frémit la foule. Du bruit, des éclats de voix, des hommes au visage grave, des femmes qui s'agitent sous leur foulard, et de jeunes patients trop sages, inquiets et épuisés… Les petits malades défilent, et pour gagner du temps, nous consultons dans deux boxes, l'un avec le docteur Ahmed, l'autre avec le docteur Samy. Les dossiers s'accumulent dans une sorte de désordre organisé.

En fin de consultation, l'ambassadeur de France me téléphone.

– Monsieur le professeur, sachez que nous ne sommes pas en mesure d'assurer votre sécurité… Combien de temps comptez-vous rester ?

Je comprends son anxiété, mais je m'en remets complètement aux bons soins du docteur Hussein. Je me trouve plongé dans un autre monde, un monde hors le monde où le danger est latent partout, tout le temps. On ne sait jamais quand le couperet peut tomber. À l'hôpital Al-Bitar, nous avons été accueillis par les forces miliaires qui encerclent le bâtiment. Mon logement, cette petite dépendance près des blocs opératoires, est gardé jour et nuit. Un matin, je veux sortir m'acheter des cigarettes, un peu comme le capitaine Haddock qui cherche son tabac à pipe dans *Tintin et les Picaros*, et je suis, comme lui, stoppé avec force remontrances... Le moindre pas hors de l'hôpital doit être prévu, organisé, sécurisé. Au bout de quelques jours, je comprends que ce dispositif drastique a été mis en place uniquement en notre honneur ! Je suis également étonné de constater que nous pouvons sortir plus facilement la nuit, pour dîner au restaurant ou nous balader à travers la ville plongée dans le noir. Nous vivons selon le cadran solaire des risques, et à la tombée du jour, le danger d'attentat semble moins obsédant. Vivre sous une perpétuelle surveillance militaire me rassure un peu. Le directeur n'a-t-il pas dit à mon arrivée qu'il était en charge de notre sécurité ? Et le sérieux des dispositifs démontre qu'il prend sa tâche fort à cœur. Au fond, je suis serein, malgré la sourde menace, je sais qu'on veille sur nous.

*

* *

À Kaboul, tout est plus tendu. L'hôpital est gardé jour et nuit, des barrages de police sont en place dans la rue qui grimpe vers l'établissement, des filets de sécurité ont été installés pour se prémunir des jets de grenades. La fouille à l'entrée est minutieuse, on craint toujours les kamikazes...

À Kaboul et ailleurs, l'ennemi est à la fois partout et nulle part. Impossible d'identifier qui est taliban, qui est radicalisé, intégriste, violent, un sentiment de peur gagne les équipes…

Comment réagir face à cette peur ? Comment accepter d'être en danger alors que notre mission est de secourir, soigner, sauver ? En définitive, après discussions, débats et introspections, nous avons décidé de poursuivre notre tâche en nous soumettant aux strictes règles de sécurité. Nous ne renonçons pas, même si la menace des attentats fait partie du quotidien. À Kaboul, nous recevons des alertes SMS qui nous informent en temps réel des quartiers à éviter en fonction des événements du jour. On apprend par exemple que les attentats ont généralement lieu entre 7 h 30 et 11 heures parce que les talibans s'infiltrent en ville pendant la nuit et agissent au petit matin. Statistiquement, il existe donc des heures à risque !

Nos Smartphones, mis à contribution pour notre protection, offrent une aide à double tranchant. D'un côté, la connexion permanente nous permet de savoir ce qui se passe, nous indique quand partir, où nous réfugier, et nous permet de prévenir des proches, d'appeler les secours, de mobiliser les relais d'opinion. Mais le téléphone portable constitue aussi un moyen de se faire repérer par la géolocalisation…

Je me souviens du temps où il n'y avait aucune possibilité de communication dans ces pays, à l'exception parfois d'un téléphone satellite, qui fonctionnait de manière très aléatoire. Panique dans les années 1970 quand, en plein cœur du désert, me dirigeant vers l'Érythrée en guerre, j'avais été pris de terribles maux de ventre. « Si je fais une perforation d'ulcère maintenant, c'est fini ! » avais-je pensé, terrorisé. Nous étions à plus de trois jours de 4 × 4 du premier hôpital ami ! Au fond, les vrais dangers pour nous, à l'époque, étaient les soucis de santé et l'isolement. Aujourd'hui, tout cela est impensable, nous sommes partout en liaison permanente avec le monde entier, on peut nous joindre à tout moment pour nous venir en aide, on peut aussi nous localiser à des fins moins avouables…

*
* *

La menace s'étend chaque jour et le Mali, lui aussi, est devenu rouge sur la carte… Avant, je roulais dans une petite voiture ; maintenant, je suis dans un véhicule conduit par un gendarme qui a posé sa kalachnikov sur le siège passager à côté de lui. Je me trouvais récemment dans le petit hôtel Hassam de Bamako où j'ai, depuis longtemps, l'habitude de descendre. Mon pied-à-terre est devenu une véritable forteresse ! Depuis les attentats de novembre 2015, les forces spéciales françaises ont investi le bâtiment, deux fusils-mitrailleurs sont posés sur le toit, et aucune voiture ne peut s'approcher. Prendre son petit déjeuner avec les militaires des forces spéciales, est-ce vraiment rassurant ? C'est en tout cas inédit.

On nous répète de ne pas nous promener le soir, de rester dîner à l'hôtel… la menace plane. Les Maliens eux-mêmes le sentent. L'assistante sociale de l'hôpital m'a lancé, fataliste :

– Que voulez-vous faire contre quelqu'un qui ne craint pas la mort et au contraire la souhaite ?

C'est un dramatique résumé de la situation. La philosophie de l'« *Inch Allah* » est devenue notre quotidien. Le fatalisme en Afrique est très impressionnant, surtout en comparaison de Bagdad et de ses *check points* !

Cette actualité a tout naturellement des conséquences lourdes sur le choix du terrain d'action pour les nouveaux volontaires de l'humanitaire : il y en a nettement moins pour les pays où la violence est la plus forte, où les risques sont les plus grands. L'action humanitaire a tendance à délaisser ces pays, alors que ce sont justement eux qui ont le plus besoin d'aide d'urgence et de reconstruction. Dans ces conditions, il est évident que la relève médicale peine à s'engager, comment s'en étonner ? Un jeune médecin à qui je proposais de partir en mission au Kurdistan m'a répondu, mi-figue mi-raisin :

– Non, merci, je ne suis pas un martyr !

Que rétorquer à cela ? Rien, d'autant que se pose à moi la question essentielle de la responsabilité. Si le drame surgit, qui est responsable ? Celui qui a décidé de partir s'engager dans un pays à risque ? Celui qui l'a laissé partir ? Celui qui dirige l'association ? En définitive, c'est le volontaire seul, informé des risques et en pleine connaissance de la situation, qui doit prendre sa décision. On lui fait d'ailleurs signer des décharges minutieuses qui ont pour but d'attester qu'il connaît les périls et les accepte… Un peu à l'image de la décharge signée par les patients avant une intervention chirurgicale. En 1968, quand je suis parti pour le Biafra, on m'avait déjà fait remplir un formulaire, toutefois les questions posées étaient plus simples et plus directes, comme celle-ci qui m'avait fait froid dans le dos : « Que voulez-vous que l'on fasse de votre corps ? » Mais finalement, cette glaciale lucidité prouve que la question de la responsabilité ne se posait même pas à l'époque : il était évident pour tous que le volontaire acceptait de se mesurer aux menaces du monde pour en soulager les malheurs. En définitive, il y a quarante ans comme aujourd'hui, l'engagement humanitaire oblige à aller au fond de soi-même pour savoir « jusqu'où aller trop loin »…

Alors, partir ou non ? La réponse demeure, pour chacun, un engagement personnel et libre. Un jeune chirurgien de Toulouse qui s'était engagé pour une mission médicale au Kurdistan devait s'en aller le samedi… Il nous a appelés le vendredi soir : sous la pression familiale, il refusait désormais d'y aller. Que lui dire ? Jamais je n'insisterai pour envoyer quelqu'un là-bas, jamais je ne nierai un risque bien réel. Chacun doit s'assumer. Personnellement, en tant que chirurgien, j'ai passé ma vie à évaluer les risques. Ce patient doit-il être opéré à cœur ouvert ? Quels sont les risques de l'intervention ? Il y a des grilles de risques quasi scientifiques. On connaît, pour chaque opération, le pourcentage, souvent infime, de ceux qui peuvent ne pas y survivre… Mais cela, c'est ce qui se passe pour la chirurgie.

Pour les missions humanitaires, désormais, même s'il y a aussi des statistiques qui évaluent le danger, je ne peux envisager sans frémir la perspective d'un enlèvement ou d'un assassinat. J'imagine avec effroi l'entretien avec la famille… Je n'aimerais pas revivre, en tant que cadre dirigeant de La Chaîne de l'Espoir, la terrible visite des parents d'un infirmier qui s'était tué en Afghanistan dans les années 1980. J'étais alors président de Médecins du Monde, et le jeune homme avait accidentellement disparu dans un glacier des montagnes afghanes… Je n'ai pas trouvé de réponse face à l'insondable chagrin de la mère.

Pourtant, l'humanitaire est lié au risque, de par sa nature même. Depuis toujours, l'objectif est d'agir dans des zones dangereuses. Toutefois, le risque restait naguère raisonnable, les plus grands dangers demeurant les accidents de voiture, les maladies graves et le suicide des volontaires isolés. Aujourd'hui, des conseils juridiques en termes de sécurité et de responsabilité ont été mis en place pour évaluer les dangers et nous venir en aide.

Pour ma part, sans être fataliste, je prends mes responsabilités lorsque je me déplace dans ces zones rouges. Il y a une clé essentielle à mes yeux : l'appréciation de la situation. Surtout ne pas jouer au fier à bras ou tenter des actes inconsidérés : la prudence est constamment de rigueur. Dans beaucoup d'enlèvements tels que ceux que j'ai pu connaître autour de moi, il y a bien souvent une imprudence à une étape du parcours : le choix d'un chauffeur qu'on ne connaît pas, l'éloignement au sein d'une région déconseillée ou tout simplement le non-respect d'une consigne.

Entre alors en scène la danse des chiffres… Je sais que les statistiques sont toujours à interpréter avec précaution et à manier avec prudence, mais on estime à environ trois cents le nombre d'humanitaires chaque année victimes de violences, enlevés, blessés ou tués. Au regard du nombre de personnes impliquées dans le secteur et présentes sur le terrain, environ un million, la proportion reste faible. Un pourcentage presque insignifiant : 0,03. Sauf que ce risque « insignifiant » représente des abîmes de souffrance chez les proches de ceux qui ont succombé et que le symbole conserve toute sa force. Ces agressions, même isolées, déclenchent une angoisse profonde dans le monde des volontaires pour la grande aventure, jusqu'à susciter de nombreux renoncements. Tout est évidemment aggravé par le retentissement des médias et les reportages dramatiques qui sont devenus récurrents.

En ce qui me concerne, je me pose simplement la question : est-ce que je ne risque pas davantage ma vie en prenant le périphérique parisien en Vespa tous les jours qu'en me rendant à Bagdad une fois par an ? Les statistiques sont sans appel : le périph' est plus périlleux ! Pourtant, rouler à deux-roues autour de Paris n'est pas générateur de peur, comme un déplacement en zone rouge. La peur doit-elle être proportionnelle au risque réellement encouru ? Non, car elle est liée à l'insupportable injustice du hasard et à l'absurdité de la situation. Sans compter les actes ignobles dirigés sciemment contre un hôpital et qui suscitent chez moi non plus la peur, mais la colère et le dégoût.

En Syrie, c'est un fait quotidien : les hôpitaux sont pris pour cibles de façon délibérée dans une guerre à huis clos où la limite du supportable a été franchie depuis bien longtemps.

Mais le sommet de l'horreur a été atteint le 8 mars 2017 à Kaboul. Ce jour-là, quatre membres de l'État islamique ont attaqué l'hôpital militaire Sardar Mohammad Daud Khan, déguisés en médecins, avec blouse blanche et masque de chirurgie sur le visage, pour mieux pénétrer dans l'établissement et y provoquer le maximum de dégâts. Bilan terrible de cet attentat : quarante-neuf morts et soixante-trois blessés, tous des médecins, des infirmiers et des patients de l'hôpital.

*
* *

Aujourd'hui, face au danger, plusieurs solutions s'offrent à nous, mais aucune n'est pleinement satisfaisante. D'abord, il y a le principe de la bunkérisation cher aux grands organismes internationaux. Cela se traduit par un renforcement très coûteux de la sécurité à tous les niveaux : protocoles, agences de protection privées, gardes armés, chiens renifleurs, voitures blindées, murs en béton, barbelés, *check points*… Principe certes efficace mais peu abordable pour nous, pauvre et modeste ONG.

Une autre tendance, de plus en plus répandue, est de déléguer la médecine, les soins, l'hôpital au personnel local engagé. Ils se trouvent tout de même moins en danger que nous Occidentaux.

Aujourd'hui en Syrie, il n'y a aucun Occidental sur place. Le pire massacre du XXI$^{e}$ siècle s'y déroule, trois cent mille morts, et pour nous, humanitaires sans frontières, il faut nous rendre à l'évidence : il y a bien une frontière ! Constat terrible et un peu désespérant. J'ai tout de même tenté d'étudier avec des collègues syriens la possibilité d'accéder aux hôpitaux sur place, mais notre venue n'a pas été encouragée, c'est le moins qu'on puisse dire. Alors nous nous contentons de répondre à la demande : envoi de médicaments et d'équipements médicaux.

Face à cette cruelle réalité, quelle peut être la solution ? Je ne crois guère au renforcement de la sécurité, sauf dans certaines situations extrêmes. Il faudrait plutôt se focaliser sur le renseignement. C'est lui qui commande notre monde moderne. D'ailleurs, beaucoup de services de renseignement infiltrent l'humanitaire : certains chauffeurs, ici ou là, seraient des agents spéciaux ! J'ai moi-même été plusieurs fois sollicité pour donner mon avis sur des situations précises… En tout cas, les services secrets nous orientent dans notre choix de nous rendre ou non dans un pays à risque… et nous avons dû plusieurs fois repousser des cérémonies d'inauguration jugées trop dangereuses. Ou alors, les services de sécurité se mobilisent lors de notre venue, comme ce fut le cas pour la pose de la première pierre de notre hôpital au Mali. Nous sommes bien obligés de faire avec ! À Kaboul, il y a quelques années, tous les réseaux mobiles de la zone ont été coupés le temps de l'inauguration. Nous avons été fouillés et reniflés par les chiens, qui ont même été emmenés en salle de réa, à la grande indignation des infirmières afghanes.

– Les bébés ne sont pas piégés, protestaient-elles vainement.

Aujourd'hui, les ONG doivent donc faire face à cette nouvelle réalité et la seule question qui se pose est la suivante : quelle est la limite dans la prise de risques ? L'acteur humanitaire doit-il devenir un martyr ? Certes non. Il faut sauver sans périr. Mais pour ça, peut-être faut-il renoncer à se rendre sur place. Il faudrait donc africaniser l'aide en Afrique, afghaniser l'aide en Afghanistan... pour être le moins visibles possible. Déléguer l'aide humanitaire est une pratique maintenant quotidienne. Il faut donner des moyens de traiter les cas urgents aux locaux pour qu'ils s'autonomisent et s'aident eux-mêmes. C'est d'ailleurs ce qui se passe actuellement en Syrie. L'aide humanitaire est sous-traitée ! Face à un ennemi invisible, soyons invisibles ! Nous ne pouvons plus guère afficher ce que nous sommes : Occidentaux, riches, de culture judéo-chrétienne. Le « bon docteur blanc », celui qui venait autrefois affronter les grandes épidémies et les maladies récurrentes, est sans doute mort... Vive le « bon docteur local » ! La mondialisation a gagné l'humanitaire. Jadis, l'Occident imposait sa vision du secours et de la charité ; aujourd'hui, nous partageons nos projets avec nos interlocuteurs du bout du monde, et nous nous faisons nettement moins présents sur le terrain. Aujourd'hui, la démographie médicale explose, il n'y a donc plus les mêmes besoins. Les médecins africains ont pleinement adopté notre vision des choses et des Chaînes de l'Espoir naissent un peu partout, en Afrique et ailleurs. Du reste, notre présence physique sur place est de moins en moins nécessaire, on peut si facilement communiquer d'une autre manière. Même la formation peut se faire à distance :

avec Internet, le professeur se trouve parfois à Paris et l'élève à Bamako. Et ça marche !

Fini le romantisme et l'innocence, place au pragmatisme, à l'efficacité, à l'adaptabilité. Mon rôle se modifie : je ne viens plus sauver, je donne au médecin local les moyens de travailler et donc de sauver à son tour. Face aux risques et par le partage des connaissances, l'humanitaire devient une courroie de transmission, une source de financement et un facilitateur d'organisation.

Mais encore une fois, que faire quand on nous appelle, quand il faut partir en zone à risque ? Je pense que, finalement, tout cela n'est qu'une affaire entre soi et soi, où seule la force de l'engagement personnel peut faire la différence.

Chacun s'assume, c'est vrai, mais quand il s'agit de faire partir les autres, quand on est responsable de ceux qui s'engagent ? Que dire à ceux qui acceptent la mission ? Pour l'heure, à La Chaîne de l'Espoir comme dans toutes les ONG, règne un flou décisionnel, un « coup par coup » qui se pare peu ou prou des allures de la réflexion et de la prudence.

– 10 –

# LES NOUVELLES VOIES DE L'HUMANITAIRE

Au détour des années 2000, le doyen de la faculté de médecine de Paris me confia un cours sur la médecine humanitaire, leçon magistrale destinée aux étudiants de deuxième année, c'est-à-dire à des jeunes qui débutaient à peine dans la connaissance médicale. Je me souviens de mon premier jour, mon premier cours sur le sujet ! J'étais à la fois nerveux et très sceptique. Nerveux, parce que je ne savais pas très bien ce que j'allais raconter à mon auditoire. Et très sceptique, parce que je pensais que la thématique choisie attirerait une dizaine de fanatiques tout au plus… Nous allions nous retrouver bien seuls dans le grand amphi Farabeuf de la faculté, rue de l'École-de-Médecine, dans le VIe arrondissement.

Je me trompais. Lorsque je suis entré dans la salle majestueuse, j'ai été saisi par la vision un peu terrifiante d'une foule bruyante amassée sur les gradins. Pas une place de libre ! Cinq cents jeunes étudiants m'attendaient… Moi qui n'aurais pas parié un centime sur le succès de ce cours, je dus constater tout de suite qu'il suscitait un incroyable engouement.

Dès mes premiers mots, le brouhaha s'apaisa comme par magie, le silence s'imposa de lui-même, les étudiants semblaient happés par mes propos, une chape d'attention paraissait les envelopper, je ressentais des vibrations positives, une ambiance chaleureuse. Si l'un d'eux avait la mauvaise idée de papoter un peu avec son voisin, il se faisait rabrouer dans l'instant par un autre qui lui hurlait de se taire. J'avais un peu l'impression que ces jeunes me prenaient pour un maître, une sorte de gourou.

À la fin du cours, une nuée d'étudiants curieux m'attendaient : ils voulaient en savoir plus, avoir plus d'informations, plus d'exemples, plus d'anecdotes… Il en fut de même pour les cours qui suivirent. Je décidai donc d'organiser régulièrement des sous-réunions pour répondre à cette curiosité jamais rassasiée. En écoutant leurs questions, je ressentais de façon diffuse que la plupart de mes auditeurs voulaient faire de la médecine pour parcourir le monde. Mon discours était pourtant sans équivoque : leur objectif premier devait être de devenir des médecins compétents, ensuite seulement ils seraient en mesure d'apporter un soulagement aux populations en souffrance des pays défavorisés. Toute la suite de mon cours se construisait sur cet impératif premier.

Durant plus de dix ans, j'ai ainsi enseigné « la médecine humanitaire », et le succès initial n'a fait que se confirmer : j'ai pu observer au fil du temps une affluence grandissante de nouveaux candidats, qui étaient le plus souvent, et devinrent de plus en plus, de nouvelles candidates.

J'ai abandonné ces cours formels, mais bien souvent des jeunes m'abordent encore avec, à la bouche, cette ambition marquée qui est aussi une interrogation tacite :

– Je veux faire de l'humanitaire…

Mais que désirent-ils vraiment ? Qu'espèrent-ils ? Bref, c'est quoi, l'humanitaire, pour eux ? Lorsque je pose ces questions aux étudiants de Sciences Po ou des écoles de commerce venus faire un stage à La Chaîne de l'Espoir, les réponses fusent…

– Donner un sens à sa vie pour une cause juste.

– Être utile.

– Faire quelque chose de bien.

– Aider les autres.

De façon plus subtile et moins fréquente, certains jeunes s'expriment autrement. Pour eux, l'humanitaire est un engagement mêlé d'aventures et d'exotisme, engagement envers l'autre, engagement envers soi-même aussi, auquel s'ajoute un désir plus ou moins formulé d'aller à la rencontre de cultures différentes. Et tous s'accordent sur la solidarité, vague idée à laquelle ils s'accrochent parce qu'ils ont pleinement conscience des inégalités et sentent bien que le monde est devenu un village connecté. La solidarité est sans doute une évidence pour les jeunes, mais aussi une idée un peu floue.

Comment ont-ils découvert l'humanitaire ? L'élément déclencheur est toujours le même : ils ont été éveillés à la question par de nombreux reportages télévisés diffusés aux heures de grande écoute, et admettent volontiers avoir sans doute développé une vision légèrement idéalisée du sujet. Dans une projection schématisée, ils se rêvent en héros romantiques courant au-devant du malheur des hommes... D'ailleurs, si l'on en croit les statistiques, l'humanitaire serait devenu une importante valeur positive, bien avant l'engagement politique ou la religion.

Mais qu'espèrent-ils ? La grande majorité de ceux qui s'engagent dans l'humanitaire cherchent une échappatoire à une vie trop rangée, ils souhaitent nager à contre-courant d'un monde trop matérialiste.

Je vois ce phénomène grandir : partout la demande d'engagement dans l'humanitaire est forte, et je ne peux m'empêcher d'y voir le symptôme d'une société malade. Ce désir profond d'engagement, cette attirance forcenée pour l'ailleurs ne sont-ils pas autant de signes inquiétants ? Ne nous trouvons-nous pas devant une forme de fuite sublimée ? Je pense que certains psys pourraient y déceler un aspect christique : la volonté délirante de sauver le monde ! Je me souviens de cette jeune infirmière qui, dès son arrivée au Cambodge, nettoyait frénétiquement jour et nuit le bloc opératoire ; elle ne dormait pas et passait son temps à frotter, répétant comme une litanie :

– Il faut sauver les enfants, il faut sauver les enfants…

Deux jours après son arrivée, elle a dû être rapatriée d'urgence et placée sous neuroleptiques.

Nul besoin d'être fin psychologue pour comprendre que partir au loin avec une valise pleine de problèmes ne permet guère de revenir avec ce bagage vidé de son contingent d'angoisses… Il ne faut pas se faire d'illusions, nos problèmes existentiels sont les mêmes à l'autre bout du monde, partir ne permet jamais de résoudre ses propres conflits. Mais il y a plus grave : confrontée aux grands malheurs et aux désespoirs profonds, une personnalité fragilisée peut brusquement imploser. Le risque de suicide ou de dérèglement mental reste élevé chez les humanitaires ; le suicide a même constitué longtemps la première cause de mort chez les volontaires. Heureusement, ce phénomène se fait plus rare grâce à une meilleure appréhension du drame possible par les responsables de mission. En fait, pour être un humanitaire efficace, il faut savoir se protéger et se créer une sorte d'armure contre les horreurs du monde.

Alors, pourquoi certains veulent-ils partir en dépit de ces difficultés et de ces risques ? Pourquoi choisir de se confronter à la détresse humaine la plus extrême ?

Ceux que j'interroge ont généralement beaucoup de mal à répondre à ces deux questions fondamentales... On peut décider de partir simplement pour un certain accomplissement personnel, et je trouve finalement cette raison plus acceptable que la prétention irrationnelle de sauver toute l'humanité.

En ce qui me concerne, pourquoi suis-je parti ? Pourquoi me suis-je lancé dans cette folle et terrible aventure au point d'y consacrer une part non négligeable de ma vie ? Ai-je voulu obéir au philosophe italien Antonio Gramsci, qui affirmait que « le pessimisme de la raison oblige à l'optimisme de la détermination » ?

Et puis, pourquoi le cacher, j'ai voulu aussi découvrir le monde et sa diversité. Mais au-dessus de tout cela, l'engagement médical demeure très particulier : le médecin retrouve sur le terrain la grandeur et l'honneur de son métier. Au bout de la Terre, il éprouve à nouveau une certaine fierté et un sentiment exaltant dans l'exercice de son art. Un étudiant de Sciences Po qui partirait en mission dans le tiers-monde au lieu de se lancer dans la voie du marketing traditionnel exercerait là-bas un autre métier... Rien de tel pour un médecin ! À Paris ou à Bamako, les soins sont les mêmes, il n'y a pas deux médecines. La médecine humanitaire n'est pas une succursale de la médecine, c'est une médecine exercée avec des moyens différents dans un contexte particulier. D'ailleurs, après avoir prêté le serment d'Hippocrate, le praticien ne doit-il pas agir auprès de l'humanité souffrante au nom du respect de la vie ?

*

* *

Dès l'aube des temps, des esprits éclairés posèrent comme un impératif la nécessité de secourir les malheureux. Les Grecs et Hippocrate l'exigeaient, la chrétienté le réclama au nom de Dieu. Au Moyen Âge, les moines et les religieuses accueillaient les faibles, les pauvres et les malades dans leurs hospices… Prémices de l'humanitaire de proximité.

Au XI^e siècle, au temps des croisades, les religieux de l'ordre de Saint-Jean de Jérusalem s'en allèrent en Terre sainte dispenser leur aide. Quand ils construisaient des hôpitaux, c'était certes pour soigner les soldats venus d'Occident, mais aussi, grande nouveauté, les malades locaux.

Au XIX^e siècle, un nouveau concept apparut : la solidarité entre les peuples. Avec un événement fondamental : la création en 1863 de la Croix-Rouge par Henri Dunant.

Puis on connut le temps des colonies et les corps médicaux des armées. Au début du XX^e siècle, le bon docteur blanc rayonnait sur la planète : les épidémies étaient plus ou moins contrôlées et parfois même éradiquées par les médecins militaires, les hôpitaux sortaient de terre et les Instituts Pasteur répandaient leur savoir-faire. Quelle puissante motivation devaient avoir ces médecins militaires face à tous les dangers ! Sans le savoir, ils étaient, eux aussi, des précurseurs de l'humanitaire dans un engagement qui les tuait souvent, frappés par les maladies qu'ils combattaient.

Aujourd'hui encore, à Bamako, à Dakar, à Brazzaville ou ailleurs, les familles des enfants malades nous appellent, moi et quelques autres, « le bon docteur blanc ». Au Vietnam, on dit « le docteur blanc très réputé ». Au Cambodge, « le docteur blanc magique »… Derrière ces appellations un peu emphatiques se cache toujours le mythe du médecin occidental, celui qui détient le savoir et le pouvoir. En arrière-fond se dessine de manière lancinante le fossé médical qui divise le monde. D'un côté, les pays occidentaux qui développent une médecine de pointe et un système d'assurance sociale offrant à tous des soins souvent efficaces et de plus en plus onéreux. De l'autre, une médecine balbutiante, miséreuse, engoncée dans d'insolubles obstacles financiers, religieux, traditionnels.

Un fossé bien ancien et qui remonte à cette époque – les premières années du XX$^{e}$ siècle – durant laquelle mon grand-oncle, Albert Schweitzer, s'engagea pleinement… Je connais son histoire par les récits de ma grand-mère et cette image familiale m'a sans doute influencé. Pasteur engagé, théologien reconnu, organiste de niveau international, il changea de vie à l'âge de trente ans en tombant sur une petite annonce qui demandait un médecin pour un dispensaire au Gabon.

Il décida de faire sa médecine, et après huit ans d'études, son diplôme en poche, partit s'établir à Lambaréné.

En 2013, je suis allé sur ses traces visiter ce village… J'y ai éprouvé un choc inattendu. Je me trouvais au cœur de la brousse, complètement perdu dans la forêt équatoriale, hébété au bord du fleuve Ogooué, me demandant comment Schweitzer avait pu vivre quarante ans ici. Ce sacerdoce force le respect ! Car c'est bien au milieu de rien qu'il a bâti son hôpital et travaillé jour et nuit… Assis quelques instants à son bureau, près de son orgue, j'ai fermé les yeux et j'ai songé que chacun avait son propre Lambaréné. Mes Lambaréné à moi sont différents, certes, mon engagement n'est peut-être pas aussi entier, mais l'objectif reste le même… « C'est au nom de la fraternité des hommes marqués du sceau de la souffrance que j'ai osé fonder l'hôpital de Lambaréné », a écrit Albert Schweitzer dans ses *Souvenirs*.

Cet homme exceptionnel a influencé ma génération. Malgré une indéniable coloration coloniale, il reste à mes yeux le précurseur de Médecins Sans Frontières. Mais ce n'est pas tout, il fut aussi à l'origine du « faire savoir », passage obligé lors de la recherche opiniâtre des financements. Déjà, il avait compris qu'argent et indépendance étaient nécessaires. Une équation pas simple à résoudre ! Il faut savoir s'adresser au public, le toucher pour provoquer sa générosité…

Après Albert Schweitzer qui nous avait si bien montré le chemin, le mouvement du sans-frontiérisme apparut de façon fulgurante dans les années 1970. Portée par quelques médecins apôtres de la bonne parole, comme le flamboyant Bernard Kouchner, la démarche était simple et limpide. J'ai vécu cette aventure exaltante avec romantisme et enthousiasme : mes camarades et moi partions véritablement à la conquête du monde.

Il y avait dans notre action une double racine : gauchisme engagé et christianisme originel. Jésus et Marx se tenaient par la main. Notre nouvelle bible se résumait en une page : la déclaration de Médecins Sans Frontières ! Elle clamait que la médecine s'adresse à tous et qu'elle ne connaît pas de barrages frontaliers. L'humanitaire devenait l'affaire de tous.

Avec les débuts de la simultanéité des événements et de leur médiatisation, avec l'irruption de l'information en temps réel, il paraissait évident qu'un enfant malade au Togo ou un petit blessé du Cambodge méritait d'être soigné aussi bien que le jeune patient de France. Le monde se réduisait : une souffrance s'exprimait de l'autre côté du village commun, il fallait aller la soulager. Ce fut notre nouvelle morale, « la morale de l'extrême urgence ou la morale de l'ambulance », comme l'a déclaré alors André Glucksmann.

C'est à ce moment-là qu'on a commencé à nous appeler ONG – organisations non gouvernementales –, un statut qui représentait une fabuleuse indépendance et un symbole qui nous a offert une grande flexibilité. D'ailleurs, les institutions officielles nous qualifiaient d'organisations non… gouvernables ! Et c'était vrai, nous échappions à tous les contrôles.

En 1979, au cours d'une conférence à Genève sur les boat people, Michel Foucault a eu cette réflexion fondatrice :

– Au nom de quoi agissons-nous ? Au nom de qui ? Quelle est notre légitimité ? Qui nous a commis ? Personne. C'est justement cela qui fera notre droit. C'est un devoir de cette citoyenneté internationale de toujours faire valoir le malheur des hommes.

Le régime du bénévolat régissait notre engagement. Nous ne voulions pas devenir des « fonctionnaires de la charité », selon les termes de Kouchner. Au cœur de ces multiples actions, je remarquais cependant que ces missions teintées d'héroïsme et d'aventures étaient souvent brouillonnes et mal structurées…

Il faut dire que tous les volontaires étaient les bienvenus, d'où qu'ils viennent et quelles que soient leurs compétences, le malheur les concernait tous. Malgré les différences, tous découvraient la gratification du volontariat : l'altruisme du volontaire était à la fois valorisant et valorisé. Avec ce principe de l'action ouverte à tous, les profils recrutés dans divers horizons se révélaient parfois un peu compliqués, voire limites… J'ai bien vite compris que le bénévolat devait se garder de devenir un ersatz du divan du psychanalyste. L'aventure humanitaire ne peut jamais être une thérapie.

Force a été de constater que le monde des jeunes apôtres changeait vite. Un débat nous agitait avec pour point central la question des financements et de l'efficacité. Qui du rêveur ou du pragmatique allait l'emporter ? Pouvait-on conquérir le monde sans moyens ?

À la fin des années 1970, sous la pression de spécialistes du marketing, on vit apparaître la nécessité d'actions médiatiques. Nous nous trouvions face à un dilemme : rester pauvres et idéalistes ou nous développer en entrant dans les fonctionnements économiques, comme une entreprise, et devenir ainsi plus riches pour élargir nos missions. La réforme du monde de l'humanitaire était en marche, précédée par nos grandes sœurs, les associations anglo-saxonnes, riches et efficaces.

Nous avons alors assisté à la naissance des grandes ONG françaises comme Handicap International, Médecins du Monde, Action contre la Faim… Avec ces nouvelles associations apparut la concurrence dans le *charity business*. En effet, le fonctionnement de ces associations n'était assuré que par les dons, il fallait donc attirer l'argent du particulier, convaincre, séduire… Dès 1978, Claude Malhuret, président de Médecins Sans Frontières, qui avait bien compris la nécessité de la publicité, était parti se former au marketing aux États-Unis. C'était la fin du bénévolat, la fin du romantisme fou et brouillon, de nouvelles compétences étaient exigées.

*
* *

La mécanique du don est sans doute la clé de la réussite du projet humanitaire. Pour moi, le don contient en lui-même une notion d'engagement, quelque chose de religieux, de sacré. Même le plus petit don. Je me souviens de cette femme venue jusque dans les bureaux de La Chaîne apporter vingt euros en main propre : elle voulait être certaine que son billet nous arriverait ! Je vois, je connais, j'estime ces retraités modestes qui donnent chaque mois quelques euros. Tout cela compte. Le don est la pierre sur laquelle repose toute notre activité. D'ailleurs, la majorité des organismes humanitaires vit de petits donateurs réguliers ou ponctuels ; l'argent institutionnel, l'Agence de l'aide au développement, les fonds européens ne suffisent pas. L'équilibre budgétaire parfait serait sans doute une répartition égale entre institutions et donateurs privés, mais à La Chaîne, on tourne autour de quatre-vingts pour cent de dons privés : ils sont près de deux cent mille généreux donateurs, et sans eux rien ne pourrait se faire.

Ce don, il ne vient pas tout seul, bien sûr, il faut aller le chercher, le solliciter. C'est tout un système de marketing, de communication qui se met en place. Il faut passer à la télé, créer du lien, se faire connaître. Parfois, les gens donnent davantage à une personne qu'à une action, ils m'ont vu dans une émission, ils m'ont entendu à la radio, et ils veulent me soutenir. De manière générale, les donateurs aiment savoir à quoi est destiné ce qu'ils donnent et ce qui a été fait avec leur argent. On reçoit régulièrement des appels de personnes qui prennent des nouvelles de tel ou tel enfant que nous avons opéré. Finalement notre force, c'est la personnalisation du don et de l'action. Il ne s'agit pas d'aider en général, mais de sauver Moussa, Oumi ou Marie.

Des dons importants, j'en ai connu quelques-uns dans ma vie, mais ils sont rares. Outre ceux que j'ai déjà cités dans ce livre, il y a eu celui du Père Noël, comme on l'a surnommé ! Cet homme d'un certain âge et célibataire avait vu un reportage à la télévision en 2012, l'histoire d'un enfant malien cardiaque qui souffrait d'une maladie très complexe et n'avait pas survécu après avoir été opéré à Dakar. Il avait reçu un choc en regardant ce reportage et a voulu agir pour les enfants, pour l'Afrique. Il nous a donné deux millions d'euros… Les dons provoquent le destin, influent sur lui, le modèlent.

*

* *

Aujourd'hui pourtant, le don, comme l'humanitaire, est en train de se « professionnaliser ». Naguère encore, nous, les médecins en exercice, essayions de répondre aux nécessités de notre engagement en partageant notre activité. Personnellement, je n'ai pu m'engager vraiment qu'en 1980, lorsque j'ai obtenu un poste fixe de professeur : la fonction publique m'a offert la souplesse et la facilité nécessaires pour mener à la fois ma vie professionnelle et mon engagement humanitaire. Les collègues qui travaillaient en libéral avaient plus de mal à mener de front ces deux combats : s'ils partaient en mission, ils n'étaient pas rémunérés et, en plus, ils perdaient une part de leur activité. Certains le faisaient malgré tout, j'en ai vu jongler jusqu'à la limite du possible, sacrifiant finalement leur propre cabinet.

À ce moment-là, il n'y avait pas encore de médecin salarié parmi les ONG, ce n'était même pas envisageable. Toutes ces associations étaient animées de bons sentiments mais insidieusement se faisait jour l'impérieuse nécessité de la professionnalisation. La bonne volonté ne suffisait plus, l'époque de l'humanitaire sac au dos était révolue. Pour plus de résultats, il fallait de la compétence, de l'expérience et une logistique millimétrée, comme à l'armée.

Aujourd'hui, pour réaliser un grand projet de santé, des structures de plus en plus lourdes sont nécessaires. Elles impliquent des gestionnaires, des logisticiens, des comptables, des webmasters, des responsables d'approvisionnement, en un mot : des salariés. Fini l'action du généreux solitaire qui creuse un puits en Afrique ou de la jeune femme qui distribue des biscuits vitaminés aux enfants asiatiques... Pour moi, la caricature de l'humanitaire nouveau pourrait être celle du jeune expatrié salarié, assis dans son bureau mal climatisé face à son ordinateur, en train de remplir son tableau Excel pour le rendu budgétaire.

Parallèlement, les fonds publics et institutionnels ont fait leur apparition dans les budgets, ce qui a fondamentalement changé la donne, en particulier pour les grandes ONG, même si les très nombreuses petites associations fonctionnent toujours avec le soutien de dons privés.

Le plus important contributeur des ONG puissantes reste l'Union européenne, à hauteur d'un peu plus d'un milliard d'euros par an. Remarquons au passage que l'UE a toujours refusé d'avoir ses propres humanitaires, sa politique étant de faciliter l'action des associations existantes et des institutions. L'Union va même plus loin, lançant des appels d'offres sur des projets définis. Je me souviens, par exemple, d'une sollicitation en faveur d'orphelinats en Roumanie. Le budget était important et nous avions à peine deux jours pour répondre à l'offre. Nous avons monté le projet, et si nous n'avons pas obtenu la totalité du financement, partagé entre plusieurs associations, nous sommes tout de même allés à Bucarest nous occuper d'enfants atteints du sida.

En plus des fonds européens, l'ONU, l'United States Agency for International Development (USAID) et le gouvernement français sont les principales sources publiques de financement. Mais évidemment, ces nouveaux apports font basculer tout le système : le bailleur de fonds institutionnel apporte avec lui la contrainte budgétaire… et les directives ! Accepter cet argent implique nécessairement de rendre des comptes, de pratiquer des audits, de justifier ses actions, d'accepter un suivi… Ces soutiens nuisent à l'indépendance, pourtant fondatrice du mouvement humanitaire. Mais comment faire autrement, quand on sait les sommes colossales qu'impliquent les structures mises en place, in situ, pour améliorer les conditions de vie, et de soins, des pays défavorisés ?

Désormais, l'aide revêt plusieurs formes, et pas seulement dans les financements. Le chirurgien qui passe dix jours au Cambodge, le jeune ingénieur qui part au Burkina Faso pour régler des problèmes hydrauliques, la jeune femme diplômée qui s'en va travailler six mois dans les bidonvilles de Bombay ou le chef de mission de Médecins Sans Frontières qui va vivre deux ans au Sud Soudan font tous de l'humanitaire ! Chacun à sa manière. Ces apports sont à la fois utiles et complémentaires. Le concept général de l'aide évolue, et passe du combat éthique contre la souffrance à une pratique à mi-chemin entre le militantisme et l'activité professionnelle. Aujourd'hui, si l'on peut vivre *pour* l'humanitaire, on peut également vivre *de* l'humanitaire ! La professionnalisation induit inévitablement le salariat.

Je me souviens d'un cadre de L'Oréal issu d'HEC parti en 1988 au Japon pour une réunion de travail. Au retour, il fit escale au Cambodge où il rencontra les responsables d'une association qui s'occupait d'enfants des rues. Et ce fut une révélation ! Cette réalité, nouvelle pour lui, le renvoyait-elle à la vacuité de sa vie ? En tout cas, il démissionna de son poste prestigieux pour aller là-bas s'occuper des enfants et s'installa à Phnom Penh, où ses compétences et son entregent firent merveille ! Il y est toujours.

De nombreux jeunes diplômés partent ainsi faire de l'humanitaire pendant une partie, voire la totalité de leur vie professionnelle avec un choix raisonné de plan de carrière. L'humanitaire pro est si bien entré dans les mœurs que les étudiants préparant certains masters sont encouragés à se rendre pour quelques mois sur le terrain avec une ONG, histoire d'ajouter une précieuse ligne sur leur CV.

Il faut se rendre à l'évidence, l'humanitaire constitue un secteur professionnel à part entière avec ses comptables, ses hydrauliciens, ses enseignants, ses juristes… Comme dans n'importe quelle activité, on peut s'y former et y faire carrière. De grandes filières d'enseignement sont apparues : logistique, approvisionnement, gestion, transports, géopolitique… Plusieurs écoles en France et en Europe préparent à ces métiers avec une orientation spécifique dans l'humanitaire. La formation dure généralement quatre ans avec diplôme à l'issue du cursus… et emploi assuré !

En plus, et à ma grande surprise, il existe en France des universités qui proposent plus d'une quarantaine de masters estampillés « développement », « solidarité » et « humanitaire ». Ces études forment des gestionnaires de projet, des coordinateurs de mission, ou préparent à de nouveaux métiers dans la stratégie ou la levée de fonds institutionnels.

Par ailleurs, toutes ces nouvelles activités, tout ce professionnalisme ont considérablement augmenté le travail au siège même des ONG, où de nombreux emplois sont créés… Il y a donc de plus en plus de métiers plus ou moins « humanitaires » où l'on peut effectivement faire carrière, grimper dans la hiérarchie, accumuler des points retraite… et tout cela sans bouger de son bureau parisien. C'est une autre forme d'engagement, fondé sur le long terme et l'efficacité.

Cette nouvelle trajectoire, complètement à rebours de mon chemin, me stupéfie ! Jamais je n'aurais pu imaginer une telle évolution, et j'avoue qu'elle me laisse un peu sur la touche. De toute façon, s'il m'était resté quelque velléité de romantisme, celui-ci se serait envolé avec les mots de l'Administration : cotisation sociale, CDD, CDI, URSSAF, contrat d'embauche. Mais ne noircissons pas trop le tableau, le bénévolat existe toujours, et il joue même un rôle prépondérant, notamment dans les domaines médical et paramédical.

Autre nouveauté : pour répondre à la demande, le statut de « volontariat » a été créé il y a une dizaine d'années. Il s'adresse à ceux qui partent en mission plus de trois mois mais ne restent pas très longtemps non plus. Le volontaire est logé, nourri, indemnisé lorsqu'il est sur place, et l'ONG employeur est exonérée des charges patronales.

En ce qui concerne ces charges qui pèsent sur les ONG, Coluche avait jadis demandé un effort à l'État. Cette proposition est restée lettre morte. Le mec à la salopette souhaitait la création d'un statut légal de l'humanitaire avec diminution des charges sociales pour les ONG. En effet, le statut de « volontariat » n'est pas suffisant et ne couvre qu'une petite partie du paysage des actifs. « Salarié de l'humanitaire » : voilà le métier qu'il faudrait créer avec un statut à part, de quoi lutter un peu contre le chômage grâce à des charges réduites et donc l'engagement d'un personnel nombreux dans les associations.

Côté médecins plus spécifiquement, tous les statuts sont aujourd'hui possibles : bénévolat, volontariat, salariat. Mais le statut idéal demeure pour moi le médecin retraité : il a le savoir-faire et le temps.

Du côté de ceux qui sont encore en activité, j'ai vu des confrères abandonner définitivement l'hôpital ou leur cabinet pour œuvrer au sein de telle ou telle grande association… Saluons l'avènement de la bureaucratie ! En effet, les médecins qui travaillent pour des organisations médicales finissent par être envahis par l'appareil de gestion : la paperasserie prend le dessus. Le statut du médecin change dans les ONG aussi bien que dans les grands hôpitaux : au nom de l'efficacité, la gestion administrative a pris toute la place. Ainsi, le médecin humanitaire ne sait généralement pas très bien quel statut et quelle attitude adopter… Volontaire, bénévole, permanent, bureau, terrain ?

Pour ce qui est du terrain, il faut bien le dire, le *turn over* est impressionnant. Beaucoup de médecins qui partent en courte mission humanitaire renoncent à leur engagement au retour. Ils ne repartiront plus. L'humanitaire est en carence de médecins pleinement engagés : il y a trop de gestionnaires et pas assez d'aventuriers.

*

* *

Dans ce brouillage des statuts et des places intervient un phénomène qui n'avait pas été prévu : l'émergence des pays pauvres.

Au départ de l'action humanitaire, il y avait l'Occident dominant. Mais le monde avance vite, et le nombre de médecins locaux augmente considérablement. La situation des pays qui réclament notre aide aujourd'hui n'a rien de commun avec ce que j'ai connu à mes débuts. En 1979, je m'en souviens, le Tchad était partagé en zones d'activité pour chaque association, les quelques médecins tchadiens étaient ignorés. En 2017, les pays émergents se structurent et veulent être impliqués dans leur reconstruction. Les ministères de la Santé locaux ne voient pas toujours d'un bon œil les ONG arriver… Il nous faut maintenant des autorisations d'exercer la médecine, agréments de plus en plus longs à obtenir… et si faciles à annuler !

Dans le même temps, contradiction, il y a trop de médecins sur place, mais pas toujours assez de médecins spécialisés. Depuis dix ans, pourtant, nous sous-traitons une partie de nos opérations. Sait-on que soixante-dix pour cent du corps médical qui s'est occupé de l'épidémie d'Ebola en Afrique était constitué d'Africains ? Des médecins souvent compétents et sans emploi. Récemment, quand on m'a présenté l'équipe d'expatriés de l'association Waha, à l'hôpital Ignace Dees, en Guinée, il n'y avait à ma grande surprise aucun Français, mais un Sénégalais, un Congolais, un Éthiopien. Au Kurdistan, nous travaillons avec des médecins irakiens ; en Jordanie, avec des médecins syriens. C'est un tournant énorme : l'humanitaire de demain ne sera pas forcément occidental ! Demain, ces jeunes médecins d'Afrique ou d'Orient vont créer leurs propres associations et iront directement voir le bailleur de fonds… court-circuitant nos propres associations, mais c'est dans l'ordre des choses et c'est un réel progrès pour les pays émergents !

*
* *

Tout change très vite. Et de nouveaux problèmes se posent, qui relèvent eux aussi de l'humanitaire. Je le vois sur le terrain depuis quelque temps déjà. Ainsi lors de ce 21 octobre 2015. Il est 7 h 30, nous sommes sur une plage de l'île grecque de Lesbos. Un début d'agitation est perceptible : à environ huit cents mètres des côtes, une embarcation attire l'attention. En arrière-fond on aperçoit au loin la côte turque. L'embarcation approche très lentement. Peu à peu, on la voit presque enfoncée dans l'eau par une évidente surcharge.

L'équipe est composée d'un médecin et de deux infirmières qui se trouvent quelque peu perdus dans une petite foule à laquelle se mêlent des touristes. Un garde-côte grec surveille l'événement.

Et puis ils arrivent. On ne voit d'abord que des hommes qui font une sorte de rempart aux enfants et aux femmes tapis dans le fond de l'embarcation. À quelques mètres de la plage, les réfugiés applaudissent et nous leur répondons de la même façon. Ils quittent l'embarcation dans une sorte de désordre joyeux, certains embrassent le sol en criant :

– *We survived, we did it !* Nous avons survécu, nous l'avons fait !

Ils ont fait un court voyage mais aussi un voyage à haut risque. Chacun retire le gilet de sauvetage qu'il portait, et la plupart d'entre eux tirent d'un sac plastique attaché autour de leur cou l'instrument du destin : leur téléphone portable ! Des appels et des SMS sont envoyés on ne sait où, on ne sait à qui, on ne sait pourquoi… Mais à l'évidence, il leur faut trouver la route vers le nord, et c'est une longue marche qui commence.

Confrontées à cet exode marin, les équipes de La Chaîne de l'Espoir ont voulu apporter une protection médicale avec priorité aux premiers secours. Comme toujours dans ces circonstances, on veille particulièrement aux soins des enfants, à l'accompagnement des femmes enceintes et à l'attention portée aux personnes âgées souvent sous traitement médical. Ce sont des villes entières qui se déplacent avec leur contingent d'accidents presque obligatoires… Ce jour-là, un Syrien d'une soixantaine d'années a été victime d'un infarctus durant sa marche, crise fatale malgré les premiers secours.

Nous avons vu tout de suite l'ampleur du phénomène. Comment protéger ce long ruban humain qui se rend à pied de la Grèce à la Croatie ? Place aux équipes mobiles. Place à la flexibilité. Place à l'efficacité.

Ce flot de réfugiés ressemble à un long serpent dont la direction indique les chemins préférentiels pour gagner l'Autriche ou l'Allemagne. Nous savons maintenant que la plupart veulent gagner le « *made in Germany* » ou les pays nordiques.

Depuis, nombre d'événements nous ont montré à tous, comme une sorte de miroir déformant, que l'Europe n'a pas la capacité de répondre harmonieusement à ce nouveau problème des migrants. De vieilles craintes primitives surgissent, malgré tous les chiffres, toutes les estimations qui prouvent pourtant que des intégrations d'ampleur sont possibles.

Mais nous, humanitaires, nous perdons un peu de nos repères, un peu de notre identité car c'est chez nous que cela se passe, et nous voyons aussi que les grands organismes, types Haut Commissariat pour les Réfugiés (HCR), ont d'énormes difficultés pour faire face à un exode aussi massif. Bref, nous devons changer nos méthodes pour être plus rapides, plus inventifs, plus adaptés.

Cependant la grande nouveauté, dans les aides de toute sorte que l'on peut apporter en toute circonstance, c'est la prédominance des technologies modernes, le téléphone portable en premier lieu. À Lesbos, la priorité des priorités a été de trouver des moyens efficaces pour recharger ces multiples portables ! Nous avons même tenté de créer une application, une sorte de *call center* pour faire face aux besoins médicaux de façon efficace.

L'humanitaire de demain sera un humanitaire connecté, et l'information dirigera l'action. Internet abolit les distances, le Smartphone est une révolution.

Ces outils nous permettent de rester constamment informés mais aussi d'agir à distance. Être actif de loin, cela veut dire, par exemple, examiner de Paris un enfant au Vietnam ou guider un accouchement difficile à Saint-Louis du Sénégal.

Non contents de nous permettre de mieux soigner, ces outils bousculent le rôle de témoin qui jadis nous était imparti, à nous les *French doctors*. Aujourd'hui, nous savons tout en temps réel, ou presque. Le médecin syrien qui se fait bombarder à Alep envoie une vidéo… Le témoin est la victime, la victime témoigne pour elle-même.

À cela s'ajoutent des réseaux sociaux qui réinventent les notions d'urgence et d'implication. Il y a peu de temps, un médecin a lancé un appel de sensibilisation à la famine au Soudan hors de toute ONG, structure ou association. Il a filmé en direct la mort d'un enfant pour appeler à l'aide et a reçu, m'a-t-on dit, un million d'euros en quelques jours, tout cela par Internet. Le webmaster sera-t-il l'humanitaire de demain ?

*
* *

Je ne donne plus de cours sur l'humanitaire, mais voilà maintenant quarante ans que je parcours le monde pour soigner des populations en difficulté. J'ai un lourd vécu dans ce domaine, et certains m'appellent même « le dinosaure de l'humanitaire » ! Dans ce réseau particulier qui attire vers lui de plus en plus de jeunes avides d'aventures ou de sens, j'apparais peut-être comme un repère, je suis celui qui a vu, et qui sait...

Des candidats à « la carrière humanitaire » m'interpellent désormais souvent pour m'interroger et me demander conseil. Je réponds immanquablement que la première urgence est de partir sur le terrain au moins une fois avant de s'engager définitivement dans cette voie. De fait, lorsque je reçois des CV de candidature, le postulant qui a une certaine expérience dans le domaine supplante toujours le parfait diplômé. Je valorise la pratique et l'approche du concret par rapport au savoir théorique. À mes yeux, l'humanitaire est une expérience de réalité. Les écoles, la formation et les livres ne sont jamais suffisants.

À tous ces jeunes qui souhaitent partir au secours des malheurs du monde, je dis aussi que l'humanitaire est devenu un métier qui requiert des compétences et doit s'apprendre. Mais il faut certainement quelque chose de plus que des capacités et des connaissances : une bonne dose d'humanisme et un véritable engagement, deux principes nécessaires, même pour celui qui travaille dans l'ombre au siège parisien d'une association. Et que dire de celui qui va vivre une année en plein conflit en Centrafrique ? Il faut à l'évidence une sérieuse motivation pour accepter une telle aventure.

Du côté de la médecine, je crois globalement que tout étudiant ou tout jeune praticien devrait partir en mission sur le terrain au moins une fois : il s'agit à mes yeux d'un complément du métier. Je serais même favorable à un stage d'internat obligatoire dans le domaine humanitaire, malheureusement difficile à mettre en place en raison du financement nécessaire.

On l'a vu, l'humanitaire du XXIe siècle n'a rien de commun avec celui que j'ai connu à mes débuts. « Il faut que tout change pour que rien ne change », disait le prince sicilien du *Guépard*, le roman de Lampedusa. En effet, tout change, mais rien ne change puisque l'objectif demeure : aller vers l'autre souffrant, sauver une vie une seule, et puis une autre, et encore une autre… Inlassablement.

# ÉPILOGUE

## *L'empreinte de l'éléphant*

« L'empreinte de l'éléphant est la plus large et la plus profonde », nous rappelle un dicton africain. Est-ce le temps qui passe ? L'éléphant blanc songe à la marque qu'il laissera peut-être. Alors, il se tourne évidemment vers les jeunes médecins, ceux qui pourraient l'écouter et même le comprendre. Suivront-ils les pas du vieux pachyderme ?

Le chemin que l'éléphant a pris jadis s'est refermé depuis longtemps, il appartient à l'Histoire et aux vieilles histoires qu'on aime à répéter. On ne partira plus de l'autre côté de la planète avec, pour seul viatique, quelques pansements et une boîte de chirurgie, on n'improvisera plus des soins urgents sous les eaux de la mousson au fond d'une forêt tropicale… Il y a encore vingt ans, les populations que nous secourions étaient assistées, maintenant elles exigent de l'éléphant blanc une formation et un partage. Il faut construire pour elles, il faut soutenir, aider… afin de s'effacer un jour.

Dans ce voyage au bout de soi-même, la voie qui s'ouvre devant l'éléphant blanc d'aujourd'hui est plus exaltante encore que celle d'hier : autrefois, il fallait soulager les maux des malades et des malheureux ; à présent, il s'agit d'offrir l'avenir à ceux qui n'ont rien… Car ce qui faisait vibrer le vieil éléphant n'a pas disparu : il y a toujours des enfants qui meurent là-bas, et je crois que l'indifférence ne s'est jamais aussi bien portée. Alors, quelle réponse donner au malheur ? Toujours la même : l'indignation ! L'éléphant blanc sortira du troupeau des gris indolents pour lancer son barrissement irrité, et ce cri désespéré réenchantera le monde car il aura choisi la vie.

# REMERCIEMENTS

Merci à vous qui m'avez tant aidé pendant la rédaction de cet ouvrage, merci à ceux qui m'ont apporté de la documentation, qui m'ont fait part de leur expérience ou qui m'ont si bien soutenu. Merci donc à Sylvain Dupuis, Sinan Khaddaj, Agathe Methel, Ismaël Moutawee, Daniel Sidi, Nathalie de Sousa.

# TABLE DES MATIÈRES

## *Crédits photographiques*

CDE : pp. 1 (bas droit), 3 (haut gauche), 5 (milieu gauche et bas), 6 (haut).

GFM : p. 5 (haut).

Pascal Deloche / GODONG : pp. 2 (haut et bas), 3 (bas), 4 (bas), 5 (milieu droit), 6 (milieu et bas), 8 (haut).

Fondation Cuomo : p. 4 (haut).

La Chaîne de l'Espoir : pp. 1 (haut gauche), 3 (milieu).

Bernard Matussière : pp. 1 (haut droit), 3 (haut droit), 7 (haut et bas).

Romuald Meigueux / SIPA : p. 1 (bas gauche).

Daniel Roux : pp. 7 (milieu), 8 (bas).

La chaîne de l'espoir

Ensemble, sauvons des enfants

La Chaîne de l'Espoir
56-58, rue des Morillons
75015 Paris

**www.chainedelespoir.org**
facebook.com/chainedelespoir
twitter.com/chainedelespoir

édition pré-presse
livres numériques

44400 Rezé

Direction littéraire
Huguette Maure

*assistée de*
Laurie Beck

*Imprimé en Espagne*
Dépôt légal : septembre 2017
N° d'impression : 01
ISBN : 978-2-7499-3022-0
LAF : 2248